Introducción a la tecnología de impresión en 3D. IFCT060PO

Yolanda López Benítez

Introducción a la tecnología de impresión en 3D. IFCT060PO
© Yolanda López Benítez

1ª Edición

© IC Editorial, 2025

Editado por: IC Editorial
c/ Cueva de Viera, 2, Local 3
Centro Negocios CADI
29200 Antequera (Málaga)
Teléfono: 952 70 60 04
Fax: 952 84 55 03
Correo electrónico: iceditorial@iceditorial.com
Internet: www.iceditorial.com

ISBN: 979-13-7027-045-2
Depósito Legal: MA 1438-2025

Impresión: PODiPrint
Impreso en Andalucía – España

Nota de la editorial: IC Editorial pertenece a Innovación y Cualificación S. L.

Especialidad formativa

Se entiende por especialidad formativa la agrupación de contenidos, competencias profesionales y especificaciones técnicas que responde a un conjunto de actividades de trabajo enmarcadas en una fase del proceso de producción y con funciones afines.

Las especialidades formativas de Uso General, Formación Complementaria, Formación Modular y las especialidades formativas dirigidas a la obtención de certificados de profesionalidad se incluyen en el Fichero de Especialidades del Servicio Público de Empleo Estatal para su gestión en todo el territorio nacional por cualquier Administración competente.

Las especialidades complementarias, pertenecen todas a la Familia profesional de Formación Complementaria (FCO) y tienen la consideración de formación transversal en áreas que se consideran prioritarias tanto en el marco de la Estrategia Europea para el Empleo y del Sistema Nacional de Empleo como en las directrices establecidas por la Unión Europea. Se consideran áreas prioritarias las relativas a tecnologías de la información y la comunicación, la prevención de riesgos laborales, la sensibilización en medio ambiente, la promoción de la igualdad, la orientación profesional y aquellas otras que se establezcan por la Administración competente.

Las especialidades de Certificado de profesionalidad tienen una duración especificada en su normativa reguladora.

En el resultado de la búsqueda, se muestran las unidades de competencia, todos los módulos formativos con su duración y las unidades formativas del certificado correspondiente, con su duración. Las horas del certificado, exclusivo de las especialidades de certificado de profesionalidad, con alta igual o superior a 2008, son las horas totales más las horas del módulo de Prácticas Profesionales no Laborales.

⊃ **Si la especialidad tiene unidades formativas,** las horas totales, presencial, distancia, teleformación serán igual a la suma de esas horas de las unidades formativas de los distintos módulos, sin que se repita ninguna Unidad formativa.

- ⮕ **Si la especialidad no tiene unidades formativas,** las horas totales, presencial, distancia, teleformación serán igual a las sumas de esas horas de los módulos formativos, eliminando las horas de los módulos repetidos.

https://sede.sepe.gob.es/especialidadesformativas/RXBuscadorEFRED/BusquedaEspecialidades.do

(Fuente: Servicio Público de Empleo Estatal)

Índice

Unidad de aprendizaje 3
Impresión. Validación y pruebas

Unidad de aprendizaje 4
Materiales

OBJETIVOS GENERALES

Los objetivos generales del **Introducción a la tecnología de impresión en 3D. IFCT060PO,** son los siguientes:

- ⮑ Adquirir conocimientos básicos sobre tecnologías y técnicas de impresión 3D e identificar los componentes básicos y sus distintas funcionalidades y las características básicas de funcionamiento del software de diseño de modelado de 3D.
- ⮑ Abordar la instrucción de conocimientos básicos para entender y comprender cuáles son los componentes elementales, ya sean materiales físicos o tecnológicos, que conforman la estructura de una impresora 3D y el procedimiento de impresión, así como la mecánica y electrónica para un correcto funcionamiento.
- ⮑ Abordar los conocimientos básicos sobre *software* de impresión 3D y ensamblaje de la impresora, para afrontar tareas de éxito en el modelado y diseño de piezas tridimensionales, así como adquirir maestría en las modificaciones y adaptaciones de modelos predefinidos, además de la configuración de parámetros para el proceso de impresión.
- ⮑ Abordar los conocimientos básicos para poder valorar adecuadamente la puesta en marcha y el correcto desempeño de una impresora 3D, contemplando para ello pruebas de impresión que permitan validar su correcto funcionamiento.
- ⮑ Abordar los conocimientos sobre la impresión en relación a los materiales termoplásticos más utilizados en la tecnología de impresión 3D. Analizar pruebas de impresión y conocer técnicas de acabado final.

Conocimiento de la impresión

Contenido

Objetivos

El objetivo general de esta Unidad de Aprendizaje es:

→ Abordar la instrucción de conocimientos básicos para entender y comprender cuáles son los componentes elementales, ya sean materiales físicos o tecnológicos, que conforman la estructura de una impresora 3D y el procedimiento de impresión, así como la mecánica y electrónica para un correcto funcionamiento.

Los objetivos específicos de esta Unidad de Aprendizaje son:

→ Comprender la relevancia de la tecnología 3D.

→ Conocer los fundamentos de la tecnología FDM para la impresión 3D.

→ Identificar los materiales necesarios para la impresión 3D.

→ Conocer e identificar la funcionalidad de los componentes mecánicos y electrónicos de una impresora 3D.

1. Introducción

La innovación tecnológica ha impulsado una nueva etapa en la historia: **la quinta revolución industrial.** Esta fase se caracteriza por la colaboración entre las personas y las tecnologías inteligentes, como la inteligencia artificial, la robótica avanzada o la fabricación aditiva. En este contexto, la impresión 3D se consolida como una herramienta clave en la transformación digital de sectores como la medicina, la industria, la educación y formación o la moda.

A lo largo de esta unidad adquirirás nociones fundamentales sobre la impresión 3D. Para ello, nos basaremos en el caso de Lucía, una experimentada docente cuyo interés por aprender el manejo de la herramienta de impresión 3D va más allá de lo meramente personal.

2. Conocimientos básicos de la impresión 3D

☞ HILO CONDUCTOR

Lucía es profesora de un instituto de Málaga donde imparte a chicos y chicas de 12 años la materia de Geografía e Historia. Pretende poder incorporar a la didáctica de su asignatura elementos tecnológicos que ayuden al alumnado a comprender más fácilmente la historia. Lucía siempre mostró interés por la innovación, por lo que ahora su tiempo libre lo dedica casi exclusivamente a trabajar las competencias digitales.

Con lo que no contaba Lucía es que serían las impresoras 3D las que iban a dar un empuje definitivo a su vida profesional.

Sea cual sea el motivo que te ha traído hasta aquí, iniciarte en la **impresión 3D** te resultará más fácil si comprendes cuáles han sido los comienzos de esta novedosa disciplina.

DEFINICIÓN

Impresión 3D

Es aquella técnica mediante la cual es posible concebir y crear un objeto tangible tridimensionado, partiendo de la conexión de materiales modelables desde un patrón original digitalizado y con la ayuda de un *software*.

Como todo nuevo invento, cuyo fruto no surge de la casualidad, el resultado de lo que puedes entender hasta ahora por impresión 3D tiene una historia y una evolución.

El origen de la impresión 3D se remonta a mediados de los años setenta y está inspirado en la entonces recién conocida **impresora de inyección de tinta.** Tuvieron que pasar algunos años, en los que se produjeron importantes cambios en la fórmula para imprimir desde este anterior concepto de inyección. Pero el gran punto de inflexión fue cuando se sustituyó la tinta por materiales sólidos.

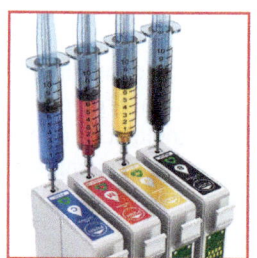

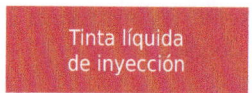

Tinta líquida de inyección

Filamentos sólidos de impresión

El impulso hacia la impresión 3D fue posible gracias a la introducción de tecnología propicia para nuevos materiales.

1984 fue el año en el que un prodigioso empresario e inventor llamado Charles Hull crea la **estereolitografía.** A grandes rasgos, podemos decir que se trata de una técnica de impresión mediante la cual se solidifican los materiales utilizados a partir de información digitalizada y cuyo resultado son elementos impresos en formato 3D.

NOTA

La estereolitografía, también denominada como tecnología *STL*, es la primera metodología de la impresión tridimensional que, gracias a la luz ultravioleta, hace posible que solidifiquen los materiales filamentosos de origen plástico, permitiendo incidir en lugares concretos de la forma en construcción, para así definir un objeto 3D con gran precisión.

Con la aparición de la estereolitografía, se establecieron las primeras fórmulas para solidificar los consumibles y así poder crear figuras 3D.

PARA SABER MÁS

En el siguiente enlace podrás acceder a un artículo *El padre de la Impresora 3D, Charles W. Hull*, escrito por Borja García:

https://redirectoronline.com/ifct060po0101

Posteriormente, y avanzando en la evolución de la tecnología de impresión 3D, verás a continuación una línea de tiempo en donde quedan reflejados los avances y acontecimientos históricos más importantes que surgieron a raíz de esta ciencia y que te servirá a modo introductorio para contar con una **perspectiva global.**

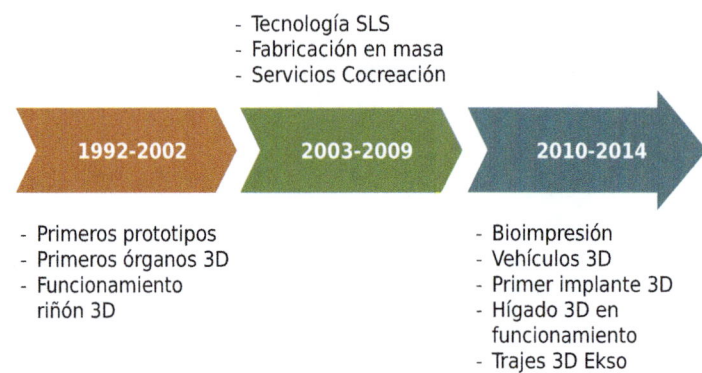

- Tecnología SLS
- Fabricación en masa
- Servicios Cocreación

1992-2002   **2003-2009**   **2010-2014**

- Primeros prototipos
- Primeros órganos 3D
- Funcionamiento riñón 3D

- Bioimpresión
- Vehículos 3D
- Primer implante 3D
- Hígado 3D en funcionamiento
- Trajes 3D Ekso

- **1992-2002**. En este primer periodo, y desde que su inventor Charles Hull dio a conocer las técnicas de impresión 3D, surgen los primeros avances que se desarrollan desde los primeros prototipos hasta la creación y puesta en funcionamiento del primer órgano de diseño 3D.
- **2003-2009**. En este segundo periodo, la tecnología SLS (Sinterizado Selectivo Láser) hace posible que puedan crearse pequeñas piezas diversas abriendo la posibilidad de la fabricación de grandes objetos en masa. Además, se abre un mundo de posibilidades gracias al concepto de "cocreación", que intensifica la innovación creativa asistida por las tecnologías 3D en espacios de *coworking* o lugares compartidos. La **tecnología SLS** es un proceso o técnica de elaboración mediante la fusión de partículas por el efecto calor del láser.
- **2010-2014**. En el tercer periodo, el diseño tridimensional, junto con la producción 3D, hace posible importantes aportaciones en el sector de la medicina con la bioimpresión, donde por primera vez se realizan implantes en seres vivos y se diseña un hígado impreso capaz de sobrevivir. En el sector de la industria del automóvil en este periodo también hay grandes avances, con la creación de un coche y un avión 3D. En el campo de la medicina, además, se le da por fin funcionalidad al traje 3D Ekso, dirigido a personas con discapacidad funcional.

Como habrás podido observar, el progreso y los **avances** son cada vez más espectaculares en el **campo de la impresión 3D.** La velocidad en la que suceden los nuevos acontecimientos obliga a las personas no solo a conocer, sino a adquirir una formación al menos básica de herramientas tecnológicas como estas, que ya en el presente, y sobre todo en un futuro, abordarán sorpresas mucho más llamativas abriendo un importante campo de **oportunidades** en multitud de ámbitos **profesionales** y **empresariales.**

No obstante, y a tenor de todo lo expuesto, deberás saber qué elementos genéricos son necesarios para poder llevar a cabo una impresión 3D.

Impresora 3D	Software	Materiales
- Para que tu máquina pueda ejecutar las ordenes de impresión, será necesario que esta cuente con los materiales para imprimir. Más adelante conocerás la tipología de estos materiales de impresión 3D.	- Sin un *software* para tu impresora 3D, será complicado que puedas poner en funcionamiento la máquina. Gracias al *software* dispondrás del medio para que puedas diseñar objetos tridimensionales y además puedas transmitir esos resultados digitales a un programa capaz de convertirlos en órdenes para ser impresos en tu máquina de impresión.	- Para que tu máquina pueda ejecutar las ordenes de impresión, será necesario que esta cuente con los materiales para imprimir. Más adelante conocerás la tipología de estos materiales de impresión 3D.

3. Tecnología *FDM:* materiales y particularidades

☞ HILO CONDUCTOR

La historia en general despierta tanta pasión a esta profesora que necesita conocer y comprender el origen y la evolución de cualquier aspecto de innovación tecnológica para poder construir su propio conocimiento.

En el caso de la impresión 3D, este interés está justificado cuando, por casualidad, asistió a un congreso sobre la educación del siglo xxi y se nombró en aquel evento (y en varias ocasiones) a la impresora 3D como artilugio para impartir clase de cualquier tipo de materia.

Aunque a día de hoy existe diversa tecnología aplicable a la impresión 3D, te centrarás principalmente en el conocimiento de una metodología que caracteriza al tipo de impresión más común y democratizada: la llamada **tecnología *FDM.***

 **NOTA**

El inventor de esta tecnología *FDM* fue el ingeniero Scott Crump, quien destapó el nuevo tipo de modelado de deposición fundida *(Fuse Deposition Modeling FDM)*, cuya característica principal consiste en la fabricación de piezas capa a capa situando el material por toda la superficie de la capa.

PARA SABER MÁS

Puedes obtener más información sobre Scott Crump a través del siguiente enlace:

https://redirectoronline.com/ifct060po0102

A diferencia de otras fórmulas, las impresoras 3D que utilizan esta tecnología FDM ofrecen una gran variedad de resultados, tanto por tipos de materiales que admite como por la gama de colores que brinda. No obstante, los consumibles más utilizados son:

PLA
- El componente principal de este material es el **ácido poliláctico,** caracterizado por ser una sustancia biodegradable. El material se presenta en forma de filamento redondeado y cuenta con gran aprobación por la industria por ser una alternativa mucho más ecológica que los derivados del petróleo, puesto que su composición puede proceder del maíz, la remolacha, el trigo o el almidón.

ABS
- A diferencia de los PLA, la composición de este tipo de filamentos está hecha principalmente de **acrilonitrilo butadieno estireno;** no aguantan tanto el calor, por lo que su uso práctico no puede estar orientado para diseñar objetos que sirvan de contenedor de productos que alcancen altas temperaturas. Además, has de saber que, en el proceso de fusión del consumible, es posible que desprenda gases perjudiciales para la salud.

PARA SABER MÁS

Si quieres profundizar en los conocimientos sobre el consumible más ecológico disponible, no dejes de acceder al siguiente enlace:

Ácido poliláctico, PLA

https://redirectoronline.com/ifct060po0103

En la siguiente imagen tendrás un esquema básico de la tecnología de modelado de deposición fundida para la impresión 3D, frente a otras tecnologías surgidas con anterioridad:

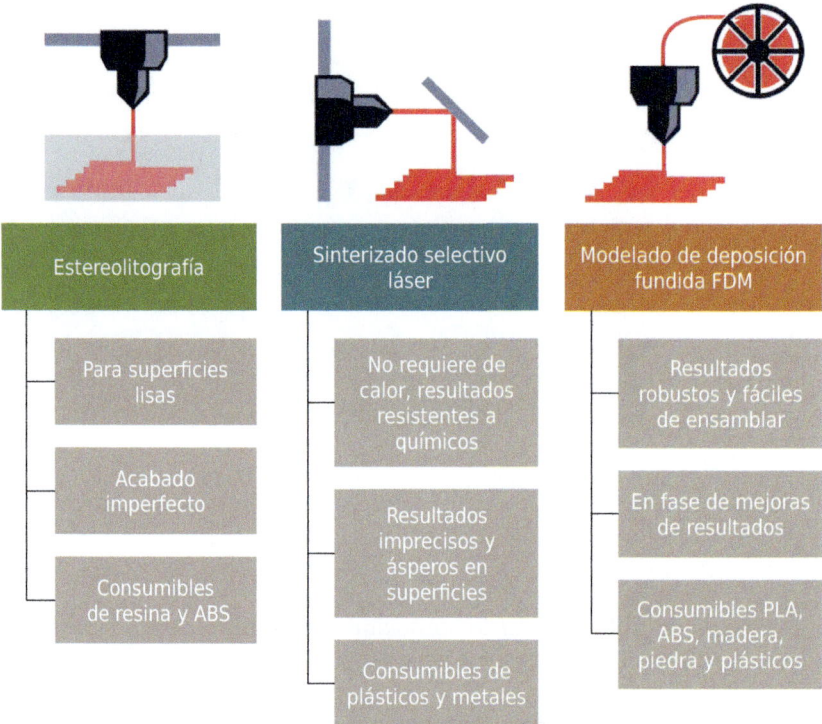

Como has podido leer, los consumibles para las impresoras 3D van más allá de plásticos como pueden ser los PLA o ABS.

Para que puedas asociar cada tipo de material, te mostramos a continuación la **diversidad de consumibles** utilizados en un entorno en continua línea de investigación y desarrollo de materiales, más allá de la tecnología utilizada:

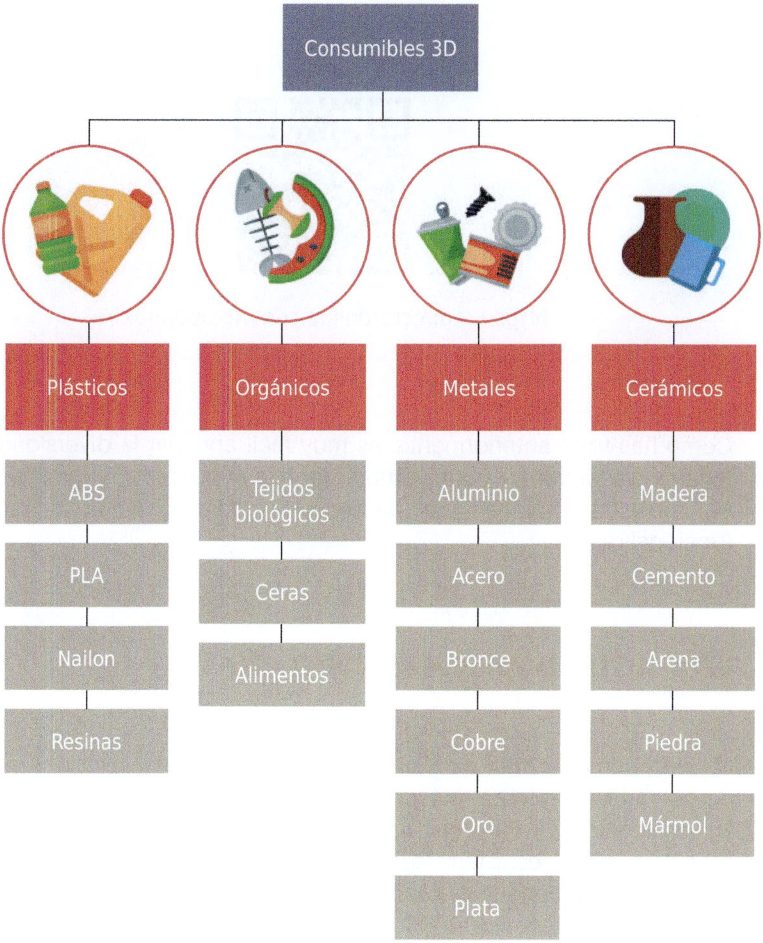

Consumibles 3D

Plásticos	Orgánicos	Metales	Cerámicos
ABS	Tejidos biológicos	Aluminio	Madera
PLA	Ceras	Acero	Cemento
Nailon	Alimentos	Bronce	Arena
Resinas		Cobre	Piedra
		Oro	Mármol
		Plata	

 **VÍDEO**

Modix BIG-Meter V4 es una impresora 3D industrial de gran formaro que utiliza tecnología FDM (Modelado por Deposición Fundida), siendo capaz de admitir dos tipos de materiales distintos para la impresión, gracias a su opción de configuración con doble extrusor (Dual IDEX).

Continúa en página siguiente >>

<< Viene de página anterior

https://redirectoronline.com/ifct060po0107

Como has visto anteriormente, es muy fácil apreciar la diversidad de materiales disponibles y poder estimar en ella el potencial y crecimiento que ofrecen estas máquinas que apuntan, sin duda alguna, a un incremento de funcionalidades.

 ## ACTIVIDAD COMPLEMENTARIA

1. El mundo de la impresión 3D sigue avanzando a gran velocidad, impulsado por la innovación en materiales y la demanda de soluciones sostenibles y personalizadas. En especial, los nuevos filamentos técnicos, biodegradables o reciclados están marcando la diferencia en sectores clave como la salud, la automoción o la arquitectura. Te proponemos que leas el siguiente artículo y reflexiones en el foro de actividades colaborativas, respondiendo a la pregunta:

   ¿Qué tendencia emergente en impresión 3D crees que tendrá mayor impacto en la sociedad en los próximos años? Justifica tu elección con ejemplos o propuestas de aplicación.

https://redirectoronline.com/ifct060po0108

4. Materiales para impresión 3D. Características

☞ HILO CONDUCTOR

Ya no hay vuelta atrás para Lucía; se le acaba de abrir un mundo impresionante de oportunidades al utilizar la impresión 3D como herramienta didáctica en la materia que más ama. La historia, a partir de ahora, será impartida a sus alumnos desde un prisma diferente y tridimensional, en un ambiente enriquecedor de cocreación. Es una excelente manera de incentivar al alumnado hacia la cultura desde la innovación, creando ellos mismos escenarios históricos en un material no contaminante y que preserva el medioambiente.

Aunque la gama de materiales para la impresión 3D es cada vez más amplia, requiriendo un contenido extra para profundizar en la materia, sí es importante que concluyas esta unidad reconociendo las características trascendentales de los principales y más comunes consumibles utilizados en la impresión tridimensional doméstica.

Para ello, te facilitamos los siguientes cuadros para que puedas acceder a ellos en cualquier momento y así poder decidir el mejor tipo de consumible según tus prioridades:

Características del ABS
Este material cuenta con las siguientes características:

- Resistente.
- Flexible.
- Soporta altas temperaturas.
- Reutilizable.
- No es biodegradable, contamina.
- Requiere de precalentamiento de la base.
- Si la pieza aún está caliente y hay flujo de aire, el material puede deformarse y encoger.
- Económico.

Como ya sabes, otro material importante es el **PLA.**

Características del PLA
Este material cuenta con las siguientes características:

- Ofrece resultados precisos.
- Biodegradable.
- No es tóxico.
- No requiere precalentamiento de la base.
- Es enemigo del agua, de fácil deterioro si contacta con ella.
- Económico.

Otro material de uso habitual es el **nailon.**

Características del Nailon
Este material cuenta con las siguientes características:

- Resultado rígido.
- Estable.
- Flexible.
- Resistente.
- Anticorrosivo.
- Maleable.
- No resiste temperaturas altas.
- Genera residuos de fabricación.
- Inflamable.
- Extremadamente caro.

Y, por último, destaca un consumible elástico llamado **Firaflex.**

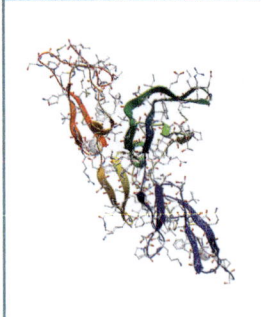

Características del Firaflex
Este material cuenta con las siguientes características:

- Elástico.
- Flexible.
- Resistente a químicos.
- No requiere precalentamiento de la base.
- Material para imprimir objetos maleables.
- No transpirable.
- Caro.

SABÍAS QUE...

Además de los materiales mencionados, hoy en día se utilizan con mucha frecuencia filamentos como:

- **PETG:** resistente, fácil de imprimir y más ecológico que el ABS.
- **TPU:** flexible, duradero y más estable que el Firaflex.
- **Materiales reciclados:** desarrollados a partir de residuos plásticos postconsumo.
- **Biocomposites:** mezclas con fibras naturales como madera o cáñamo.

La industria sigue desarrollando **biopolímeros compostables** y filamentos funcionales con aditivos conductores o resistentes al calor para cubrir necesidades más técnicas. No hay que olvidar que los biopolímeros compostables son materiales plásticos de origen biológico (como almidón, celulosa o ácido poliláctico) que pueden fácilmente descomponerse de forma natural en condiciones de compostaje industrial o incluso doméstico. Estos materiales se transforman en compuestos orgánicos no tóxicos como agua, CO_2 y humus. Son una alternativa sostenible a los plásticos tradicionales, ya que reducen el impacto ambiental y favorecen la economía circular.

APLICACIÓN PRÁCTICA

A Manuel le acaban de conceder un espacio dentro de un vivero de empresas en un polígono empresarial de la localidad de Córdoba. Allí ha montado una infraestructura de negocio basada en la impresión 3D. Sus clientes son principalmente particulares y pequeñas empresas que solicitan suministro de piezas descatalogadas o bien que pueden ser producidas a un coste menor con la tecnología de impresión 3D.

Recientemente su *startup* es propuesta para diseñar las camisetas que representarán a todos los participantes de una feria de emprendedores de todas las empresas que conforman este vivero. Es la primera vez que se enfrenta al reto de diseñar e imprimir dibujos y logotipos 3D para camisetas y es una gran oportunidad para su reconocimiento como emprendedor e impulsar su proyecto. ¿Puedes indicarle qué material de impresión 3D podría ofrecer la funcionalidad y usabilidad que requiere una prenda de vestir?

Continúa en página siguiente >>

<< Viene de página anterior

Solución

Firaflex es un material de impresión exclusivo para tejidos. Cuenta con características especiales que ofrecen la posibilidad de imprimir objetos para ser adheridos a la prenda y tiene la característica de poder ser lavada, puesto que la materia prima es muy resistente a productos químicos. Además, Firaflex es flexible y elástico, circunstancia esta indispensable para adaptarse a una prenda textil. Otro tipo de material no contaría con esta suma de particularidades, por lo que hasta el momento es la mejor opción para textiles.

Para ver cómo es posible crear con esta técnica, te invitamos a que visualices el siguiente vídeo:

https://redirectoronline.com/ifct060po0106

---

5. Componentes de una impresora 3D *FDM:* mecánica y electrónica

 HILO CONDUCTOR

Lucía está calentando motores. Es evidente que no las tiene todas consigo; tendrá que convencer al director de la necesidad de emplear parte del presupuesto del instituto en la compra de impresoras 3D como herramienta de trabajo para el alumnado. Aunque parece complicada la situación, no duda de ser capaz de convencerlo. Sin embargo, aún necesita profundizar en aspectos relativos a los componentes de las máquinas 3D, ya que quiere estar segura, antes de hacer la propuesta en firme, del coste real que supondrá para el instituto tanto la inversión en la adquisición como el mantenimiento de las impresoras.

Antes de profundizar en los componentes, la mecánica y electrónica de las impresoras 3D, deberás saber que cualquier máquina puedes adquirirla totalmente ensamblada y lista para funcionar, o bien, si quieres realizar su montaje, podrás comprar un kit de impresora 3D con todas las piezas para su ensamblaje manual. Sea como fuere, no está de más conocer y comprender los elementos principales, su funcionalidad y aspectos electrónicos. Esto hará que disfrutes más de ella y puedas obtener el máximo beneficio de tu nueva impresora 3D.

Ensamblar una impresora 3D doméstica puede estar al alcance de cualquier persona, siempre y cuando siga paso a paso el manual de instrucciones.

Como toda máquina, la impresora 3D presenta una parte mecánica, donde quedan ensambladas todas las piezas que la configuran, y una parte electrónica que dará operatividad y comunicación al sistema de impresión.

Para entender cómo interactúan estos elementos, es importante conocer primero cómo funciona una impresora 3D con tecnología **FDM.**

El consumible entra en contacto con la impresora en funcionamiento, creando la figura capa a capa.

En el caso de las impresoras *FDM,* el filamento —bien sea de ABS o PLA principalmente— se introduce por una boquilla hacia la cabeza ya caliente de la impresora. El calor hará que el consumible lo transforme en finos hilos que serán los que queden depositados por capas en la bandeja de salida, diseñando el objeto 3D resultante tras la solidificación del material.

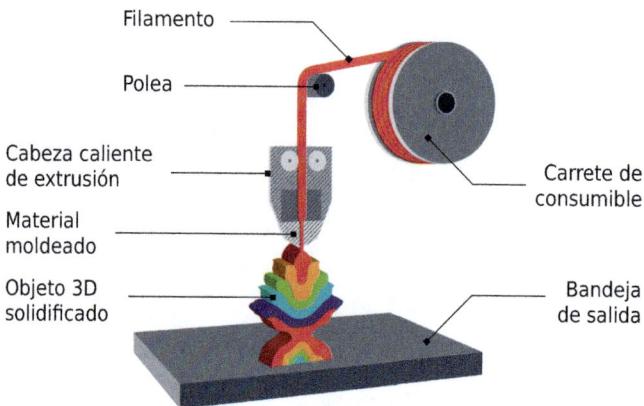

Para facilitarte la compresión de los componentes que conforman una impresora 3D para su correcto funcionamiento, deberás establecer las siguientes diferenciaciones:

- **La estructura o esqueleto:** la estructura es el esqueleto que soporta al resto de componentes. Suele estar fabricado en diferentes tipos de acero, pudiendo ser una estructura abierta o cerrada.
- **La mecánica:** la mecánica está compuesta principalmente por las siguientes piezas:

  - Rodamientos
  - Poleas
  - Correas
  - Varillas
  - Acopladores

- **El extrusor:** es una pieza fundamental para la impresión. Su función consiste en fundir el consumible o filamento que entra por esta cabeza caliente. Poco a poco se distribuye el material resultante en la bandeja de salida formando el objeto o la figura 3D capa a capa hasta su definición. Por la importancia de esta pieza, requiere nombrar a su vez sus componentes o materiales principales:

- **Motor:** gracias a él se conduce el consumible desde la entrada, tirando del carrete hasta que se deposita en la bandeja de salida.
- **Engranaje de tracción:** tracciona sobre el consumible para que este vaya saliendo a demanda.
- **Tornillo de tracción:** realiza el mismo cometido, pero en esta ocasión conduce el filamento hasta el engranaje reductor.
- **Engranaje reductor:** da potencia al filamento para empujarlo a la salida.
- **Rodamiento de presión:** pieza que ejerce presión al consumible gracias a la pieza de engranaje de tracción para que el consumible pueda circular por él y no se pierda.
- **Guía de filamento:** es una pieza en forma de tubo que conduce el hilo del filamento hacia la siguiente pieza llamada *Hotend*.
- *Hotend*: es la pieza que hace posible que aumente la temperatura para fundir el consumible sólido para poder ser manipulado eficazmente.
- **Cartucho calefactor:** calienta la pieza anterior para que esta cuente con la temperatura prevista.
- **Boquilla:** pieza que distribuye capa a capa el filamento en la salida para dar forma al objeto.
- **Sensor de temperatura:** pieza que controla la temperatura para la fusión del filamento.
- **Sistema de refrigeración:** enfría la temperatura de la máquina, motor y extrusor, fundamentalmente para protegerlos de un sobrecalentamiento.

- **La electrónica:** la electrónica de la impresora 3D estará compuesta principalmente por las siguientes piezas:

  - **Cama caliente:** es una placa de aluminio cuya finalidad es la de mantener la base del objeto 3D en producción a una temperatura lo suficientemente caliente para que las primeras capas no se rompan.
  - **Motor:** ofrece la fuerza necesaria para producir el movimiento de ejes deseado.
  - **Placa Arduino:** como toda placa Arduino, es la encargada de controlar y gestionar el sistema de producción.
  - **Conductores de potencia:** regulan la corriente.
  - **Pantalla LCD:** panel luminoso de indicaciones.
  - **Fuente de alimentación:** fuente de conexión a la red eléctrica.

A continuación, la siguiente imagen muestra una relación de modelos de impresoras 3D con tecnología *FDM* dispuestas para ser ensambladas y presentadas en kits.

Ejemplos de diversos modelos de impresoras 3D sin ensamblar

Modelo	Precio	Tecnología	Materiales	Dimensión	Volumen impresión (mm)	Extrusores	Base calefactada
Prusa i3 Hephestos	500 €	FDM	PLA y Filaflex	460x383x580	215x210x180	1	NO
Hephestos 2	849,9 €	FDM	PLA, Filalex, madera, bronce y cobre	450x605x661	210x297x220	1	NO
Legio 3D	549 €	FDM	PLA, ABS, Nailon, Filaflex	520x430x570	200x200x200	1	SÍ
Lewihe play	89 €	FDM	PLA y Filaflex	210x210x250	105x105x130	1	NO
BCN 3D+	895 €	FDM	PLA, ABS, Nailon y cerámicos	480x480x455	252x200x200	1	SÍ
BCN 3DR	695 €	FDM	PLA	370x560	170x180	1	NO
Mendel Max XL V5	699 €	FDM	PLA, ABS, Nailon	625x450x450	380x230x220	1	SÍ
Mendel Max XL V5 (Premium)	799 €	FDM	PLA, ABS, Nailon	620x450x450	380x230x220	1	SÍ
3DCPI KIT	719,95 €	FDM	PLA, ABS, firablex	405x405x410	220x220x170	2	SÍ

Por el contrario, y con el objeto de poder ser comparadas, la siguiente imagen muestra una relación de modelos de impresoras 3D con tecnología *FDM* ya ensambladas.

Ejemplos de diversos modelos de impresoras 3D ensambladas

Modelo	Precio	Tecnología	Materiales	Dimensión	Volumen impresión (mm)	Extrusores	Base calefactada
Frax 3d	1.295 €	FDM	PLA, ABS, Nailon, Filaflex		200x200x200	1 o 2	SÍ

Continúa en página siguiente >>

<< Viene de página anterior

Ejemplos de diversos modelos de impresoras 3D ensambladas

Modelo	Precio	Tecnología	Materiales	Dimensión	Volumen impresión (mm)	Extrusores	Base calefactada
Witbox 2	1.169 €	FDM	PLA, Filaflex, madera, bronce y cobre	508x485x461	297x210x200	1	NO
Dima LT	999 €	FDM	PLA, ABS, Nailon		200x200x200	1	SÍ
Dima Box	1.250 €	FDM	PLA, ABS, Nailon		150x165x165	1	SÍ
Genuine	728 €	FDM	PLA, ABS, Nailon	442x370x400	200x200x150	1	SÍ
Up Box	2.199 €	FDM	PLA, ABS	485x495x520	255x205x205	1	SÍ
Up plus 2	1.499 €	FDM	PLA, ABS	245x260x350	140x140x135	1	SÍ
Up mini	799 €	FDM	PLA, ABS	240x340x355	120x120x120	1	SÍ
Lion pro 3D	1.350 €	FDM	PLA, ABS, Nailon, Filaflex	415x525x480	200x200x200	1	SÍ
Lewihe PLay	299 €	FDM	PLA y Filaflex	210x210x250	105x105x130	1	NO
BCN3D SIGMA	2.295 €	FDM	PLA, ABS, Filaflex, metales, cerámicos y compuestos	465x440x680	210x297x210	2	SÍ
BCN 3D+	995 €	FDM	PLA, ABS, Nailon y cerámicos	480x480x455	252x200x200	1	SÍ
Stalactite 102	2.895 €	SLA	Resinas		102x76,8x180	1	NO
3DCPI-01	1.198 €	FDM	PLA, ABS, Nailon	480x338x385	255x145x150	2	SÍ
3DCPI-02	1.802 €	FDM	PLA, ABS, Nailon	405x405x410	220x220x190	2	SÍ
3DCPI-03	4.343 €	FDM	PLA, ABS, Nailon	420x450x740	300x250x520	2	SÍ
3DCPI KIT	786,50 €	FDM	PLA, ABS, Filaflex	405x405x410	220x220x170	2	SÍ

SABÍAS QUE...

La tecnología de impresión 3D avanza muy rápido. Por ello, es interesante valorar las prestaciones y nuevas máquinas que se comercializan en el mercado y la compatibilidad de materiales.

Modelo	Precio aprox.	Tecnología	Materiales compatibles	Volumen impresión
Prusa MK4	849 €	FDM	PLA, PETG, ABS, ASA	250×210×220 mm
Bambu Lab X1 Carbon	1.199 €	FDM	PLA, PETG, TPU, Nylon	256×256×256 mm
Creality Ender-3 V3	299 €	FDM	PLA, PETG, TPU	220×220×250 mm
Anycubic Kobra 2	219 €	FDM	PLA, PETG	220×220×250 mm
Raise3D Pro3	3.999 €	FDM	Todos los materiales	300×300×300 mm

Recopilación de algunos modelos actuales de impresoras 3D

TAREA 1

Martín es un joven recién graduado que acaba de incorporarse como becario en una empresa española de producción y venta de impresoras 3D. Entre las funciones que se le encomiendan inicialmente, está la de realizar un sondeo de satisfacción a los usuarios que han adquirido estas impresoras a través de ellos, ya sean particulares o empresas.

El objetivo de este trabajo es comprobar a través de la posventa no solo el grado de satisfacción de los clientes, sino también conocer en mayor profundidad la finalidad y uso que se le están dando a estos artilugios. La empresa pretende reorientar, adaptar, reeducar y formar a sus ya compradores con nuevas fórmulas para desarrollar al máximo el potencial de las máquinas. Además, con esta estrategia la firma persigue vincular al máximo a su clientela en un futuro donde todo se prevé que evolucionará rápido.

Continúa en página siguiente >>

<< Viene de página anterior

En una de las llamadas que Martín realiza, conoce la historia de María, una diseñadora de complementos que pensó al adquirir el producto (un kit de un modelo de impresora 3D con tecnología *FDM)* en la posibilidad de diseñar zapatos de la manera más original y polivalente para su posterior producción y venta en tienda bajo pedido. Sin embargo, su experiencia ha sido totalmente negativa. Desde que adquirió la impresora, tuvo complicaciones en su ensamblaje; además, por la tipología del material adquirido, no se le concedió el premio al que optaba en el concurso provincial de idea emprendedora sostenible y responsable. Con todo ello, y tras leer en internet sobre varios tipos de tecnología 3D y sin comprender sus diferencias, imaginaba que *FDM* no era la más apropiada para la finalidad. Sin embargo, Martín quería convencerla de que su adquisición fue la correcta y se propone demostrarlo.

Con esta información ayuda a Martín a generar un argumento de fuerza de venta que convenza a María de que su decisión inicial era acertada, pero que, sin embargo, requería un poco de ayuda para la cual él se ofrecería.

Con estos datos, ayudarás a Martín a generar un argumento para María, en donde se den a conocer los fundamentos de la tecnología *FDM* para la impresión 3D, se identifiquen los materiales necesarios para obtener el resultado que María necesita, se conozca e identifique la funcionalidad de los componentes mecánicos y electrónicos de la impresora adquirida y, sobre todo, se le haga comprender la relevancia que la tecnología 3D puede tener para su negocio.

6. Resumen

El **origen de la impresión 3D** se remonta unos 30 años atrás, cuando su creador, **Charles Hull,** y a raíz del conocimiento que tenía sobre la ya conocida **impresora de inyección,** trata con éxito incorporar nuevos materiales de impresión añadiendo innovadora tecnología a las máquinas de impresión, de tal manera que fuera posible que estas admitieran **consumibles sólidos.**

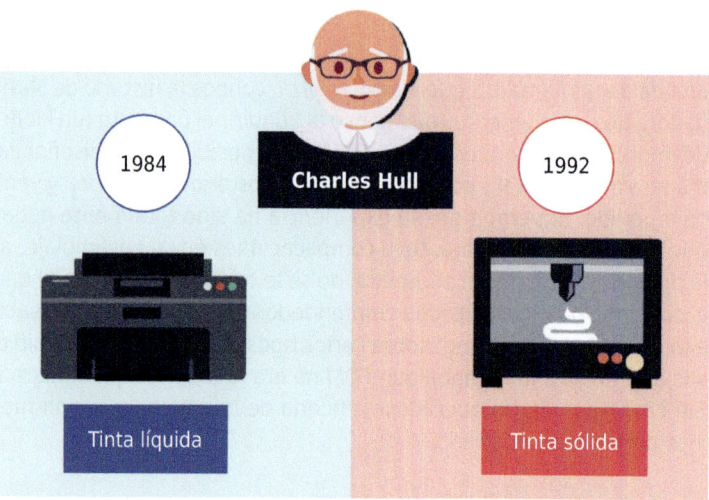

Transcurrido mucho tiempo, y tras avances de gran éxito en aplicaciones de impresión 3D en sectores como la industria automovilística, aviación, biomedicina, etc., ha sido posible a día de hoy que esta disciplina gane adictos, ya no solo en el mundo profesional y empresarial, sino también en la ciudadanía, donde se ha generado un movimiento acentuado por el uso doméstico de estas increíbles máquinas potenciadoras de creatividad.

La idea de concebir y crear un objeto tangible tridimensionado partiendo de la conexión de materiales modelables desde un patrón original digitalizado, con la ayuda de un *software,* ha hecho posible que este invento se democratice, encontrando en los materiales de la tecnología *FDM,* al alcance de todos, un mundo abierto de posibilidades.

Para el correcto funcionamiento y aplicación de la impresión tridimensional, es necesario contar con:

Sea cual fuere el modelo de impresora, el *software* utilizado y el material elegido, todo el proceso de impresión 3D requerirá de una máquina cuyos principales componentes serán:

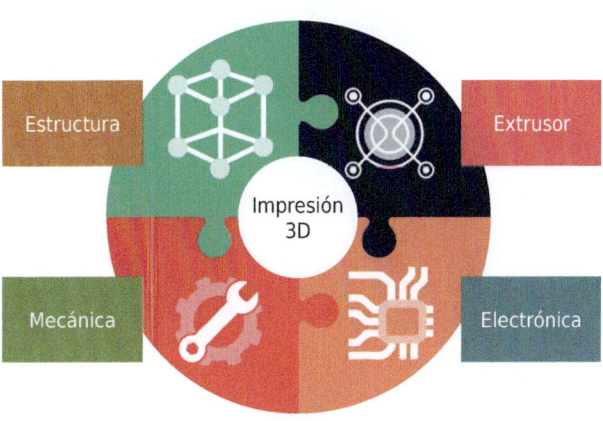

Ejercicios de autoevaluación
Unidad de Aprendizaje 1

1. Indica si las siguientes afirmaciones son verdaderas o falsas:

a. La impresión 3D es aquella técnica mediante la cual es posible concebir y crear un objeto tangible tridimensionado, partiendo de la conexión de materiales modelables desde un patrón original digitalizado y con la ayuda de un *software*.

- ■ Verdadero
- ■ Falso

b. El origen de la impresión 3D estuvo inspirado en la impresora de inyección de tinta.

- ■ Verdadero
- ■ Falso

c. La impresora de inyección de tinta utiliza como materiales los filamentos sólidos de impresión.

- ■ Verdadero
- ■ Falso

2. La estereolitografía es:

a. Una técnica de impresión mediante la cual se solidifican los materiales utilizados a partir de información digitalizada y cuyo resultado son elementos impresos en formato 3D.
b. Una técnica de impresión también denominada *STL*.
c. Una técnica de impresión tridimensional que, gracias a la luz ultravioleta, hace posible que se solidifiquen los materiales filamentosos de origen plástico.
d. Todas las opciones son correctas.

3. La tecnología 3D más democratizada se denomina:

a. Tecnología *STL*.
b. Tecnología *SLS*.

c. Tecnología *FDM.*
d. Ninguna de estas tecnologías está democratizadas.

4. El inventor de la tecnología *FDM* fue:

a. Charles Hull.
b. Scott Crump.
c. Bill Gates.
d. Todas las opciones son incorrectas.

5. Un factor diferenciador de la tecnología *FDM* de la impresión 3D es:

a. La fabricación de piezas capa a capa situando el material por toda la superficie de la capa.
b. La fabricación de piezas capa a capa únicamente en el área más profunda de la pieza 3D.
c. La fabricación de piezas capa a capa únicamente en el área más superficial de la pieza 3D.
d. Todas las opciones son incorrectas.

6. La tecnología *FDM* admite una diversidad de materiales como pueden ser:

a. ABS, metales y cerámicos.
b. PLA, ceras y metales.
c. Tejidos biológicos, aluminio y plásticos.
d. ABS y PLA.

7. Los diferentes tipos consumibles 3D se agrupan en:

a. Plásticos, metales y cerámicos.
b. Orgánicos, plásticos y metales.
c. Cerámicos y orgánicos.
d. Plásticos, orgánicos, metales y cerámicos.

8. El PLA es un material que se caracteriza por:

a. Un material excesivamente caro.
b. No es biodegradable.

c. No requiere precalentamiento de la base.

d. Es un material amigo del agua.

9. **Existe un material que se emplea en la impresión 3D que se caracteriza por ser elástico, flexible, resistente a químicos e imprimir objetos maleables, entre otras características, y se denomina:**

   a. Nailon

   b. ABS

   c. PLA

   d. Firaflex

10. **La pieza de la impresora 3D cuya función consiste en fundir el consumible o filamento que entra por esta cabeza caliente, se denomina:**

    a. Estructura.

    b. Acoplador.

    c. Extrusor.

    d. Todas las opciones son incorrectas.

Software modelado

Contenido

Objetivos

El objetivo general de esta Unidad de Aprendizaje es:

→ Abordar los conocimientos básicos sobre *software* de impresión 3D y ensamblaje de la impresora, para afrontar tareas de éxito en el modelado y diseño de piezas tridimensionales, así como adquirir maestría en las modificaciones y adaptaciones de modelos predefinidos, además de la configuración de parámetros para el proceso de impresión.

Los objetivos específicos de esta Unidad de Aprendizaje son:

→ Identificar los elementos necesarios para diseñar y crear modelos 3D.

→ Conocer *software* de modelado 3D para tecnología FDM.

→ Saber configurar los parámetros del *software* previos a la impresión.

→ Identificar componentes mecánicos y eléctricos de la impresora 3D y conocer el proceso de ensamblaje de estas piezas para la correcta puesta en funcionamiento de la impresora.

1. Introducción

El mundo de la **impresión 3D** cuenta cada vez con más adeptos. La inmersión y desarrollo de esta técnica que puede ser aplicada en campos como la medicina, educación, diseño, ingeniería, etc., está haciendo posible que se generen nuevas oportunidades de negocio, en un mercado cada vez más interesado en las propuestas que ofrece esta **tecnología aditiva.**

Es de suma importancia, al mismo tiempo que se accede a una impresora 3D, saber determinar qué *software* ofrecerá la mayor **optimización al trabajo deseado,** ya que no todos estos programas ofrecen las mismas opciones ni los mismos resultados.

Igualmente, el manejo y gestión de los elementos que conforman la impresión 3D resultarán mucho más eficientes con unos resultados más atractivos si ha existido con anterioridad un **aprendizaje de los conceptos básicos** en esta materia.

Para profundizar en esta área de la impresión 3D, nos seguiremos basando en el caso de Lucía, una experimentada docente cuyo interés por aprender el manejo de este tipo de herramienta tecnológica va más allá de lo meramente personal.

2. Diseño con *software* de modelado 3D

☞ HILO CONDUCTOR

Lucía, nuestra emprendedora profesora de Historia, lucha por tenerlas todas consigo para hacer la propuesta definitiva en el siguiente claustro de profesores, donde tendrá que exponer con todo detalle todos los beneficios que le supondría al instituto, profesorado y alumnado poder contar con un taller exclusivo de impresión 3D.

Aunque ha podido estudiar al detalle el coste de la inversión de equipos físicos, es cierto que aún le falta identificar los programas de diseño 3D, más apropiados y de fácil manejo, que no impliquen un sobresfuerzo para el resto de personal que quiera disfrutar de él para otras materias.

Una cuestión obligada que todo nuevo iniciado en el mundo de la impresión 3D debería plantearse sería si fijarse primero en la **impresora 3D** y posteriormente detenerse en el *software* **de modelado** o, por el contrario, realizar la operación a la inversa.

Este asunto permite reflexionar sobre lo importante que es la máquina o el artilugio físico como elemento diferenciador que permite aplicar las mejores fórmulas de diseño del modelado 3D.

Partiendo de esta premisa, deberás prestar atención a este vital y tan necesario complemento denominado *software* **de modelado 3D.**

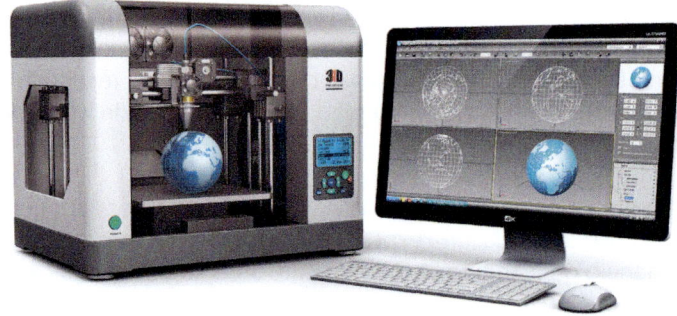

La impresora 3D y el software de modelado, un tándem que determinará el resultado final del objeto tridimensional.

El mero hecho de disponer de una impresora 3D ya te permitirá imprimir modelos existentes en la red. Aunque es cierto que lo realmente divertido y sorprendente es la posibilidad que brindan los diferentes *softwares* que hay en el mercado para **diseñar tu propio modelado tridimensional.**

Sin embargo, es posible que las ganas de experimentar el funcionamiento de tu nueva máquina te lleve primero a imprimir cualquier tipo de objeto.

Si este es tu caso, a continuación te facilitamos diferentes plataformas webs donde encontrar plantillas listas para imprimir:

THINGIVERSE

- Plataforma donde se exponen diversos trabajos 3D de usuarios, en la que puedes descargarte los archivos que más te guste para su impresión.

https://redirectoronline.com/ifct060po0201

PINSHAPE

- Plataforma donde es posible buscar, compartir, vender y adquirir archivos gratuitos y de pago para ser impresos en 3D.

https://redirectoronline.com/ifct060po0202

YOUMAGINE

- Plataforma donde además de poder descargarte archivos listos para imprimir, podrás compartir tus propios diseños 3D.

https://redirectoronline.com/ifct060po0203

SHAPEWAYS

- Plataforma que te invita, además de poder adquirir archivos modelos 3D, a crear tus propios diseños y construir tu propio negocio vendiendo a través de ellos tus creaciones.

https://redirectoronline.com/ifct060po0204

NOTA

Tendrás que saber que, para que tu impresora pueda imprimir el modelo seleccionado encontrado en la red, este deberá haber sido descargado mediante un tipo de archivo denominado *.stl* o bien *.obj*. Estos son los tipos de archivos

Continúa en página siguiente >>

<< Viene de página anterior

que tu impresora 3D podrá leer. Afortunadamente, puedes descargarlos en cualquiera de las plataformas antes mencionadas.

Aunque el formato STL sigue siendo el más usado, por su compatibilidad con la mayoría de impresoras 3D, actualmente se recomiendan también el uso de otros formatos:

- **3MF:** formato moderno que conserva colores, materiales, múltiples objetos y metadatos.
- **AMF:** enfocado en fabricación aditiva avanzada (con texturas y propiedades físicas).
- **GCODE:** instrucciones generadas por el laminador específicas para la impresora.

Ya has comprobado la cantidad de recursos disponibles en la red que facilitarán tus primeros pasos para imprimir modelos 3D ya existentes. La gran mayoría de los contenidos disponibles y listos para descargar provienen de trabajos de diseño realizados por usuarios familiarizados con la **cultura Maker,** donde, en este caso, el **autodiseño** da pie a una gran comunidad de seguidores alrededor de la impresión 3D.

DEFINICIÓN

Cultura Maker
Está fundamentada en la innovación y su metodología está basada en el principio de "hazlo tú mismo" *(DIY: Do it Yourself)*.

"La **cultura Maker** es una filosofía que se adopta en un entorno propicio y que pasa directamente de la generación de ideas a la ejecución de las mismas utilizando las tecnologías" (López, 2018).

El movimiento Maker enriquece a los miembros de la comunidad que participan en ella.

Pero, como te comentábamos, si cuentas con el objetivo principal de diseñar tus propias maquetas, será necesario que adquieras un programa específico para ello.

La **elección de un *software*** u otro dependerá en gran medida del uso al que vayas a destinar tus creaciones. Podrás encontrarlos de **pago** o **gratuitos,** aunque te recomendamos que indagues y pruebes todas aquellas versiones gratuitas disponibles antes de realizar una inversión económica, ya que existen una gran diversidad de soluciones para el diseño 3D y deberás sentirte lo más cómodamente posible con tu elección.

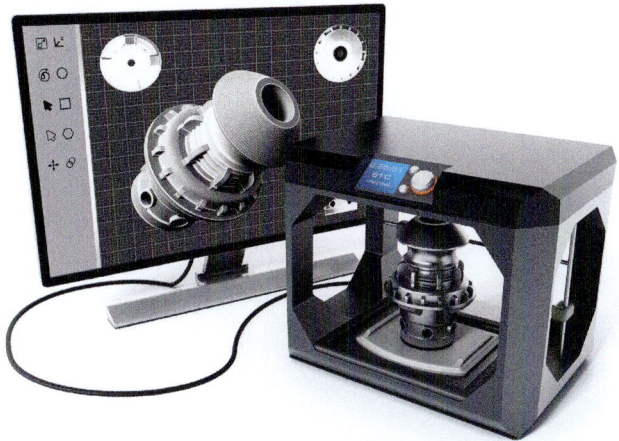

La elección del software dependerá principalmente de tus gustos y preferencias.

En relación a la creación de tus propios diseños, has de saber que existen diversos **tipos de modelado.** Es bueno que te vayas familiarizando con ellos, pues quizá a estas alturas aún no tengas definido cómo enfocar tus nuevos proyectos 3D.

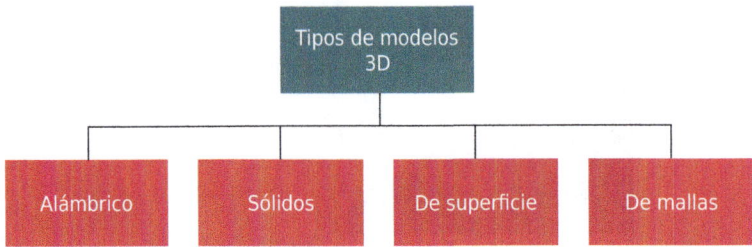

Alámbrico

El diseño del modelado 3D alámbrico se soporta mediante rayas, parábolas y puntos que van sirviendo de estructura para dar forma al objeto tridimensional, lo que permitirá visionar la geometría del modelo dentro de un espacio fácilmente reconocible. Este método utiliza las diferentes dimensiones:

➲ Dimensión plana 2D.
➲ Dimensión espacial 3D.
➲ Dimensión lineal 1D.

**Muestra de la elaboración de una figura
con el tipo de modelado alámbrico**

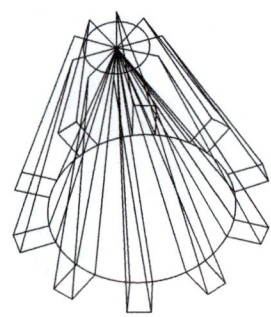

PARA SABER MÁS

Para conocer más sobre este tipo de modelado, accede al siguiente enlace:

https://redirectoronline.com/ifct060po0207

Como has visto, en el caso de modelado 3D Malla, la gran pantalla se nutre de esta innovadora tecnología para dar vida a maquetas de **realidad virtual.** Esto significa un gran avance para todos, ya que esta metodología puede estar al alcance de cualquier usuario que esté dispuesto a aprenderla. Para ello solo es necesario disponer de un ***software* de animación de modelado 3D** como puede ser *M Maya.*

PARA SABER MÁS

En el siguiente enlace podrás acceder al *software* M Maya:

https://redirectoronline.com/ifct060po0224

 **EJEMPLO**

¿Te apetece ver cómo es el proceso de creación con un *software* de animación de modelado 3D Malla? A continuación tienes a tu disposición un ejemplo de ello, donde seguro no dejarás de sorprenderte, accede al siguiente enlace para verlo:

https://redirectoronline.com/ifct060po0208

---

3. La tecnología *FDM: software* de modelado 3D

👉 **HILO CONDUCTOR**

Lucía está gratamente sorprendida al comprobar que la gran comunidad Maker, generada en torno al modelado de impresión 3D, comparte fabulosos trabajos e interesantes experiencias en la red. Con todo esto, más la posibilidad que le ofrece una conocida firma especializada en desarrollo de *software* de modelado, con el que podrá disfrutar gratuitamente de su excelente programa de diseño 3D siempre y cuando los fines sean educativos, Lucía cree contar con los elementos finales para comprometer a la dirección del instituto en dedicar un espacio en el centro para la impresión 3D.

Ha llegado el momento más esperado: seleccionar el programa que te permitirá diseñar tus propios **modelados 3D.**

DEFINICIÓN

Modelado 3D
Hace referencia al resultado físico del objeto o pieza de este, que fue representado tridimensional y matemáticamente con anterioridad gracias a un tipo de
programa específico llamado ***software* de modelado 3D.**

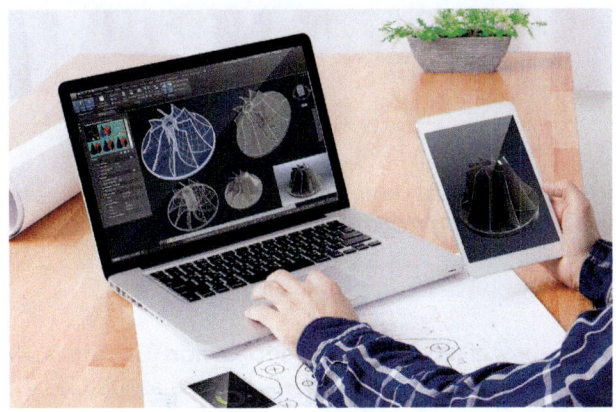

*El resultado final de la impresión 3D no es más que el resultado físico tridi-
mensional de un proceso laborioso de modelación y diseño de un trabajo que
da respuesta a una solución.*

Una acertada decisión, en cuanto a la elección del *software* para iniciarte
en el mundo del modelado de la impresión 3D, será valorar positivamente
aquellos **programas intuitivos** que te inviten a investigar a medida que vayas adquiriendo conocimientos en la materia. Este tipo de *software* son los
denominados **CAD** *(Computer-Aided Design),* cuyo significado en español
podría ser **diseño asistido por ordenador.**

No obstante, un factor determinante y muy importante en la adquisición del
software será tener en cuenta el tipo de tecnología que soporte tu impresora.

NOTA

El concepto *diseño*, desde el enfoque de la impresión 3D, no hace tanto referencia al sentido artístico del término, sino que da respuesta a la búsqueda de soluciones.

Como ya sabes, el **modelado por deposición fundida** *(FDM)* es la tecnología más habitual entre las impresoras 3D más asequibles y democratizadas del mercado. Por este motivo, conocerás algunos ejemplos de *softwares* para el prototipo de metodología que utiliza esta tecnología; una muestra de ello lo tienes en *AutoCAD*. Puedes acceder a dicha aplicación en el siguiente enlace:

https://redirectoronline.com/ifct060po0209

RECUERDA

La característica principal de la tecnología *FDM* reside en la fabricación de piezas capa a capa, situando el material por toda la superficie de la capa.

AutoCAD es un tipo de **softwares** denominados **CAD** que han evoluciona-do en el mercado, a medida que las aplicaciones de impresión 3D se han ido introduciendo en los muy diversos campos de actuación. Sin embargo, este desarrollado programa, que cuenta con multitud de herramientas y aplicaciones, ofrece únicamente la posibilidad de realizar una prueba sin coste alguno. No obstante, si quieres tener acceso gratuito por más tiempo, puedes descargarte la versión educativa siempre y cuando no hagas usos profesionales o comerciales y puedas dedicar los conocimientos adquiridos para ser compartidos.

Existen versiones de software de modelado 3D para dispositivos móviles.

 **VÍDEO**

Con este vídeo comprobarás cómo se puede diseñar un modelo en 3D a partir de un dibujo en 2D utilizando *AutoCAD*. Este tutorial, pensado para principiantes, muestra de forma didáctica cómo convertir planos bidimensionales en figuras tridimensionales, ideal para estudiantes de arquitectura, diseño industrial y fabricación digital.

https://redirectoronline.com/ifct060po0230

 **PARA SABER MÁS**

El dominio de *AutoCAD* no solo depende del conocimiento del entorno gráfico, sino también del manejo ágil de sus comandos. En este artículo encontrarás una recopilación de comandos de acceso rápido esenciales para trabajar de forma más eficiente en entornos 2D y 3D. Una herramienta útil tanto para quienes se están iniciando como para usuarios que desean optimizar su flujo de trabajo.

https://redirectoronline.com/ifct060po0231

Actualmente, existen múltiples herramientas de modelado 3D adaptadas a diferentes niveles de complejidad. Algunas de las más utilizadas en el ámbito formativo y profesional son:

- **Tinkercad** (principiantes)
- **Fusion 360** (uso profesional y académico, gratuito para estudiantes)
- **Blender** (ideal para diseño artístico y orgánico)
- **Shapr3D** (optimizada para iPad y tabletas gráficas)

Afortunadamente, existe una excelente opción de *software* gratuito llamada *FreeCAD,* ideal para quienes se inician en el mundo del modelado 3D. Sus potentes funcionalidades, combinadas con una interfaz intuitiva y en constante evolución, lo convierten en una herramienta sorprendentemente completa para el diseño paramétrico.

FreeCad

CARACTERÍSTICAS

- *Software* de código libre: cualquier usuario puede disponer de él gratuitamente y editarlo.
- Multiplataforma (admite los principales sistemas operativos).
- Ágil interfaz de usuario (muy visual y gráfica del contexto 3D diseñado).
- Ofrece un entorno de trabajo *Workbench* (agrupa diversas herramientas para proporcionar facilidades en el modelado).
- Opciones diversas de modificación de modelos.
- Admite la función de "hacer y deshacer".
- Cuenta con un historial de transacciones
- Al ser un *software* de código libre, admite modificaciones que podrán ser puestas a pruebas por los programadores a través de una consola *Python* que lleva incorporada.
- La gran cantidad de información que genera la edición de un proyecto puede ser archivada en documentos comprimidos (zip).
- Cuenta con innumerables componentes para generar piezas con diversos contornos y formas.
- Admite anotaciones en forma de textos a medida que se va realizando el proyecto.
- Cuenta con instrumentos de chequeo antes de la impresión.

Gracias a la activa comunidad de desarrollo y documentación que rodea a *FreeCAD,* este *software* libre de modelado 3D se ha consolidado como una herramienta potente y versátil para diseño paramétrico. Su estructura modular permite trabajar con piezas mecánicas, arquitectura, simulación y preparación de modelos para impresión 3D. En su versión más reciente (2024), *FreeCAD* incorpora mejoras en la interfaz, compatibilidad con múltiples formatos de archivo (STEP, STL, OBJ, etc.) y nuevas herramientas de diseño asistido.

Puedes consultar todas sus **funciones actualizadas accediendo al índice de contenidos en la página oficial.**

https://redirectoronline.com/ifct060po0233

 **PARA SABER MÁS**

Puedes acceder a la página de *FreeCad* en el siguiente enlace:

https://redirectoronline.com/ifct060po0237

4. Modificaciones de modelos predefinidos

 HILO CONDUCTOR

Unas de las cuestiones más interesantes para esta profesora es la posibilidad que brinda el entorno 3D de aprovechar diseños encontrados en diversas plataformas de la red, con objeto de poder poner en marcha el funcionamiento del taller, adquiriendo conocimientos básicos en el manejo de las impresoras. No obstante, su objetivo va más allá. Quiere fomentar la creatividad, el juicio crítico del alumnado y muchas otras áreas del conocimiento necesarias para que los participantes puedan desarrollar competencias transversales, tan necesarias en la vida real.

Un asunto importante a tener en cuenta es la posibilidad que brindan los programas para ofrecer un resultado versionado de los modelos 3D predefinidos. Esto significa que, gracias a herramientas facilitadas por el *software,* será posible modificar los parámetros de las figuras originales que servirán de modelos.

Imagen que muestra la modificación de una figura 3D original, primitiva o básica

Ahora bien, la técnica de modificación variará en función de la tipología del modelado 3D original. Para ello será necesario cambiar las propiedades de cada uno de los objetos seleccionados, teniendo en cuenta si su tipología proviene del modelado **sólido, alámbrico de superficie** o **de malla.**

 **VÍDEO**

Este vídeo enseña **cómo modificar modelos 3D ya creados en *AutoCAD,*** utilizando herramientas básicas de edición como **mover, girar, alinear, escalar, simetría, extrusión adicional, corte y unión de sólidos.** El contenido está explicado paso a paso y permite aplicar modificaciones sobre **objetos tridimensionales predefinidos,** lo que lo convierte en un recurso muy útil, tanto para principiantes como para usuarios intermedios.

https://redirectoronline.com/ifct060po0234

IMPORTANTE

Cualquier figura 3D, como resultado de modificaciones, puede incluir en ella misma la aplicación de técnicas diversas que supongan variaciones entre distintos tipos de modelado 3D. Esto quiere decir que un mismo modelado 3D puede mudar su estado primitivo aplicando las diferentes técnicas de modelado, ya sean de superficie, de malla, alámbrica, sólida o combinaciones de estas.

- -

APLICACIÓN PRÁCTICA

Cristina, estudiante de diseño gráfico, debe dar solución al ejercicio n.º 10 del examen del primer curso de la materia de Dibujo Básico, donde se le pregunta qué tipo de técnica se ha utilizado para la modificación de una figura básica 3D. ¿Podrías ayudar a Cristina resolviendo la cuestión planteada y seleccionar la respuesta correcta? Para ello, antes debes visualizar el siguiente vídeo:

https://redirectoronline.com/ifct06po0214

Solución

En el vídeo puede observarse que se hace uso de líneas, curvas y parábolas para modificar las figuras básicas seleccionadas inicialmente. Esta observación se hace patente desde el comienzo, cuando la nueva figura que va surgiendo se soporta mediante rayas, parábolas y puntos que modifican el objeto original. De esta manera, es posible visionar la geometría del nuevo modelo dentro de un espacio fácilmente reconocible. A la misma vez, se hace uso de técnicas propias de los modelos sólidos donde las figuras originales responden a formas cúbicas y estas se transforman en otras figuras geométricas por la modificación realizada.

- -

5. Configuración de los parámetros del *software* previa a la impresión

☞ HILO CONDUCTOR

Es increíble, Lucía nunca ha estado tan ilusionada. El siguiente paso, y justo antes de realizar en firme la propuesta, tendrá que poner en práctica todo lo aprendido. Aunque Lucía cuenta con suficientes armas comunicativas capaces de convencer a la institución, en esta ocasión quiere más que palabras: poder demostrar *in situ* el potencial de esta magnífica herramienta de modulado e impresión 3D y todos los beneficios que reportará a la comunidad educativa.

Llegado a este punto:

Ya cuentas con información básica necesaria sobre técnicas de impresión y modulado 3D.	Conocimientos sobre técnicas y modulado
También conoces los principales materiales con los que puedes iniciarte en este apasionado mundo, especialmente los PLA y ABS, filamentos plásticos de diferentes características que, tras la superposición de capas, van adquiriendo la forma tridimensional del modelado diseñado.	Conocimientos sobre materiales consumibles
Igualmente, puedes atreverte a descargar un *software* de modulado 3D de los denominados *CAD*, e iniciarte en el manejo de comandos para ir modulando el objeto o pieza que desees.	Conocimientos sobre *softwares*

No obstante, es en este momento, y antes de enviar la orden de impresión desde tu equipo o dispositivo (algunas impresoras admiten también tarjeta SD y acceso USB), cuando toca revisar los parámetros de configuración del *software* desde donde has diseñado tu prototipo.

 **CONSEJO**

Para evitar errores que pueden hacerte perder tiempo y dinero (material invertido), te aconsejamos que tengas por costumbre repasar detenidamente los parámetros de configuración del *software* antes de proceder a la impresión. Esto permitirá que el modelo 3D resultante esté acorde a los parámetros introducidos, quedando exactamente igual a la figura digitalizada en tu pantalla.

La configuración del software previa a la impresión confirmará que los parámetros establecidos son los adecuados para un buen resultado de impresión.

Como ya te adelantábamos en un contenido anterior, para que tu impresora pueda imprimir un archivo creado a raíz de modelado 3D, deberá este ser del tipo **.stl** o bien **.obj;** de otra manera no será posible su lectura. No obstante, no serán estos tipos de archivos los que den instrucciones a la impresora; antes habrá que crearle un código de lenguaje de programación denominado *GCode,* para que la impresora 3D sea capaz de interpretar las instrucciones.

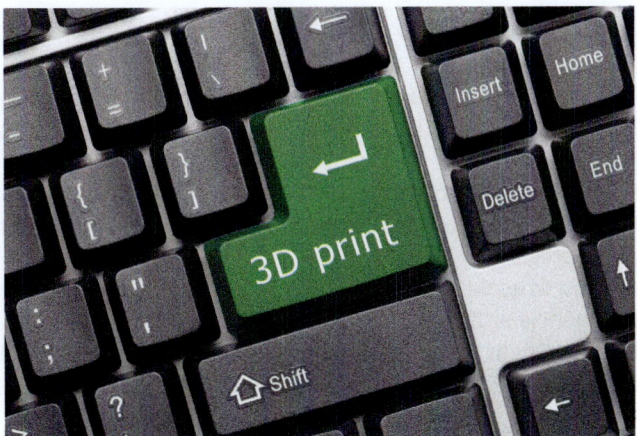

Es imposible ejecutar una orden de impresión si la impresora 3D no recibe instrucciones con un lenguaje de programación capaz de ser interpretado por ella.

Para poder realizar esta labor sin olvidar la revisión de ningún elemento dentro del proceso complejo que supone el modelado, la tecnología ofrece programas específicos encargados de cotejar los parámetros de configuración, de tal manera que, previo a la impresión, pueda realizarse un análisis con el fin de obtener una **previsualización** del resultado a tenor de la configuración del *software*.

En este sentido, el programa específico lo que hace es generar un nuevo archivo denominado *GCode.* Será este el documento encargado de mostrar los posibles errores como pueden ser falsas uniones o espacios no determinados que habrá que corregir.

 **DEFINICIÓN**

GCode
Es un lenguaje de programación que da instrucciones para que una impresora 3D pueda ejecutar su trabajo sin depender de un *software* de modelado. Esto significa que cualquier usuario que disponga de impresora, aun no habiéndose descargado ningún *software*, podría imprimir una plantilla STL a través de este lenguaje de programación con este tipo de archivo. También sirve para comprobar la correcta configuración del *software* a través del objeto que se pretenda imprimir.

Continúa en página siguiente >>

<< Viene de página anterior

Los programas de laminado o *slicers,* traducen el modelo 3D en instrucciones GCODE. En la actualidad, alguno de los *software* más relevantes son:

- **Cura Ultimaker:** el más popular, gratuito y versátil.
- **PrusaSlicer:** ideal para usuarios avanzados, con soporte para múltiples extrusores.
- **Bambu Studio:** optimizado para impresoras Bambu Lab, con funciones de inteligencia artificial.
- **Lychee Slicer:** muy usado en impresión con resina (SLA/DLP).

Salida del objeto 3D digitalizado previa a la orden de impresión

- ⊃ **Objeto digitalizado:** es el lenguaje de programación que necesitará cualquier tipo de archivo para poder darle instrucciones a la impresora y esta sea capaz de leerlo. Gracias a esta operación es posible detectar posibles errores de configuración del *software* de modelado 3D.
- ⊃ **Archivo .stl o archivo .obj:** son los tipos de archivos admitidos para la impresión 3D. Cualquier programa de modelado da directamente la opción de transformar la imagen digital obtenida en un archivo de este tipo.
- ⊃ **Lenguaje de programación *GCode:*** es el lenguaje de programación que necesitará cualquier tipo de archivo para poder darle instrucciones a la impresora y esta sea capaz de leerlo. Gracias a esta operación es posible detectar posibles errores de configuración del *software* de modelado 3D.

 ACTIVIDAD COMPLEMENTARIA

2. Son tantos los aspectos a tener en cuenta para hacer posible que una imagen digital pueda llegar a ser una figura tridimensional, que en ocasiones pueden olvidarse acciones importantes.

Continúa en página siguiente >>

<< Viene de página anterior

Realiza un pequeño esquema, donde pueda observarse el protagonismo de los archivos *GCode* en la impresión 3D. Para ello puedes elaborar un dibujo, un documento en *Word* o un mapa conceptual, donde queden integradas la influencia e importancia de estos archivos *GCode* en el proceso total para la impresión tridimensional.

- -

Entre los muchos programas que pueden generar este tipo de archivo denominado *GCode,* está **Cura,** uno de los *softwares* más utilizados por la comunidad Maker.

 VÍDEO

Con este vídeo podrás seguir paso a paso la instalación de *Cura,* y además configurar parámetros de impresión.

https://redirectoronline.com/ifct060po0215

- -

6. *Software* de modelado 3D. Adaptaciones de modelos predefinidos

 HILO CONDUCTOR

Evidentemente, Lucía cuenta con las carencias propias de quien se inicia en una tecnología como la impresión 3D o cualquier otra. Sin embargo, su gran

Continúa en página siguiente >>

<< Viene de página anterior

capacidad de aprendizaje hace posible que comprenda fácilmente el proceso y las técnicas. Su filosofía de aprendizaje está basada en el concepto "aprender haciendo"; es por ello por lo que se aventura a poner en práctica el arte del diseño y el aprendizaje para realizar las adaptaciones de los modelos predefinidos y así poner a trabajar su imaginación.

Una vez dispones por fin del archivo *GCode,* ya has conseguido, desde un archivo digital, poder obtener tu modelado 3D o bien guardar dicho archivo para cualquier otro momento dándole a la opción "Save to File".

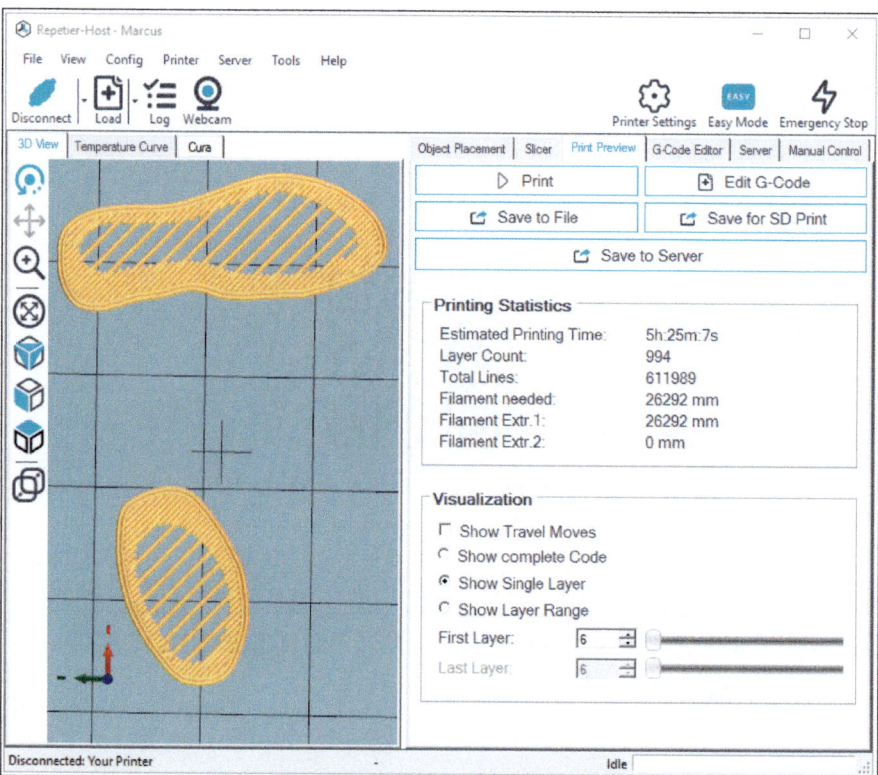

Un archivo GCode puede volver a ser editado, guardado en el programa o bien en una tarjeta SD para su posterior edición o impresión. (© Fotografía: Repetier / G-Code / www.repetier.com)

Como has podido comprobar en la imagen anterior, es posible editar un modelo predefinido, ya proceda de la descarga de una plantilla, de su escaneo o de algún archivo específico donde lo tengas guardado y listo para editar.

Sin embargo, también es posible **adaptar el modelo 3D** insertando elementos al objeto prediseñado.

 VÍDEO

El ecosistema 3D hace posible que una idea puedas hacerla realidad utilizando como soporte base un modelo predefinido. En este vídeo verás cómo es posible modelar una armadura partiendo de un cuerpo o modelo prediseñado:

https://redirectoronline.com/ifct060po0216

---

7. *Software* de fabricación de modelos 3D. Configuración del *software*

 HILO CONDUCTOR

A medida que la construcción de conocimientos se hace patente, aumenta en Lucía la curiosidad por profundizar en todos aquellos innovadores programas capaces de despertar la creatividad. Su deseo es poder poner en práctica todo lo aprendido y transmitir a la comunidad los beneficios que aportan las tecnologías a la educación.

Es evidente que la **transformación digital** incorpora nuevos elementos cuyos usos, en diferentes campos de actuación, pueden conllevar avances sustanciosos. En lo que respecta al universo 3D, ha generado una revolución en las nuevas formas de entender el diseño y la creación de productos, pero también el diseño de **escenarios 3D hiperrealistas.**

No obstante, cualquier práctica tridimensional también se ha beneficiado de estos avances, donde los *softwares* se han especializado en la elaboración de modelos 3D con mayor precisión y, además, se han incorporado técnicas para la **renderización** de imágenes.

DEFINICIÓN

Renderizar

Término informático que describe el proceso de crear una imagen para un entorno tridimensional, dándole una apariencia totalmente realista.

El efecto de una imagen renderizada aporta credibilidad y realismo sea cual sea la perspectiva.

Las técnicas que aplican los diferentes programas para renderizar una imagen están basadas en la **geometría** y en los **algoritmos:**

| Técnicas de texturizado de materiales | Técnicas de iluminación | Técnicas de distribución | Técnicas de efectos ópticos |

Este arte puede emplearse desde muchos de los *softwares* de impresión 3D mencionados a lo largo del contenido, como puede ser *Maya*, donde se diseña la geometría del objeto o figura 3D, que junto con un *software* específico realiza los cálculos o algoritmos para determinar la luz y aportar el efecto más realista. Un ejemplo de **software de render** puedes encontrarlo en *Renderman*.

 PARA SABER MÁS

Puedes acceder a la página web de *Renderman* en el siguiente enlace:

https://redirectoronline.com/ifct060po0235

Sin embargo, lo más común cuando te introduces en el campo de la impresión 3D quizá no sea aprender a manejar programas destinados a renderizar una imagen, sino que pretendes adquirir los conocimientos básicos para poder diseñar e imprimir modelos tridimensionales en tu impresora doméstica. No obstante, debes anticiparte en conocer el potencial que ofrece esta tecnología en la que comienzas a dar tus primeros pasos.

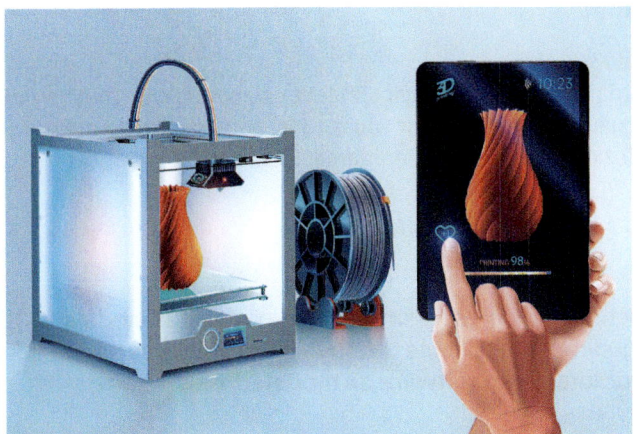

Aprender a diseñar e imprimir tus primeros modelados 3D te reportará una base de conocimientos válidos para nuevas propuestas tridimensionales que puedan surgir.

8. Configuración de parámetros para la fabricación con termoplásticos convencionales

☞ HILO CONDUCTOR

Lucía es ciertamente una persona creativa que aprovecha las oportunidades tecnológicas para incorporarlas en su quehacer diario. Sin embargo, no todo se le da bien. Hay aspectos meramente técnicos que le aburren tremendamente, aunque es consciente de la irremediable necesidad de prestar atención a procedimientos básicos, como las configuraciones, si se quiere obtener el resultado deseado.

- -

Encontrarás multitud de parámetros que validarán el resultado tridimensional de tu obra. Es por ello que deberás prestar especial atención a la configuración de estos valores. Como viste en un capítulo anterior, existe una importante diversidad de materiales; sin embargo, en esta ocasión tendrás en cuenta aquellos consumibles más convencionales, principalmente los llamados **termoplásticos.**

DEFINICIÓN

Termoplástico
Materiales plásticos, principalmente polímeros, que cambian de sólido a flexible cuando se ejerce calor sobre ellos, adquiriendo de nuevo la consistencia y rigidez cuando vuelven a enfriarse. Ejemplos de material termoplástico son los ABS, PLA y nailon.

- -

Dependiendo del programa que utilices para el modelado 3D, tendrás que asegurarte de la correcta configuración de las **tres partes** que componen la **estructura de un *software* de modelado:**

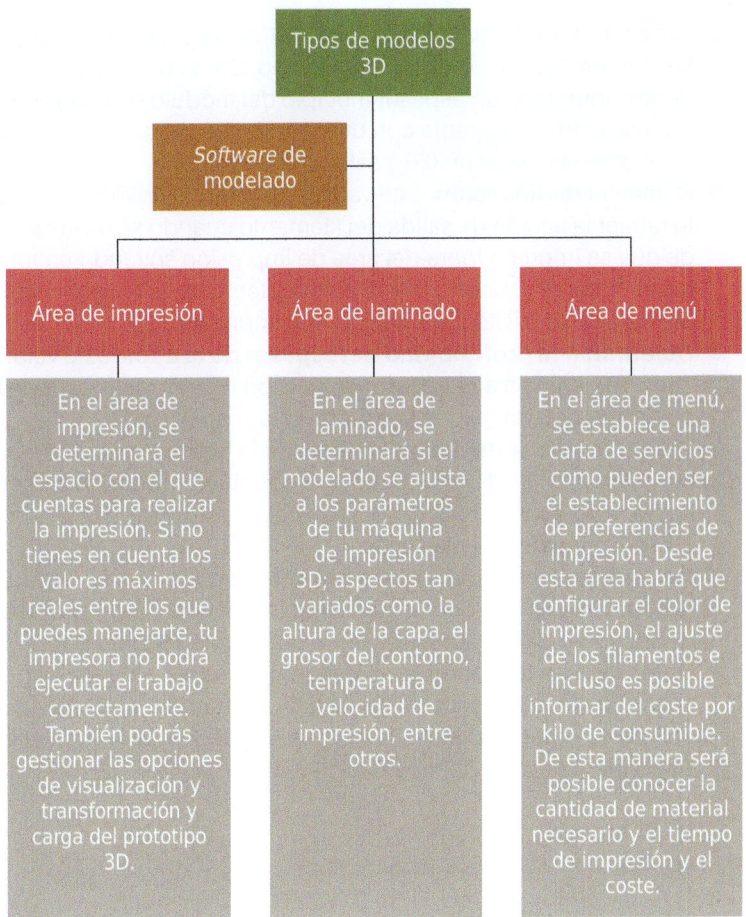

La tecnología de impresión 3D brinda multitud de oportunidades para el usuario. El *software* de modelado 3D admite la posibilidad de modificar parámetros de valores predefinidos. De esta manera será posible realizar las adaptaciones que quieras según tu agrado.

A continuación tienes una relación de los **principales parámetros de configuración:**

○ **Altura de la capa:** hace referencia a un parámetro también llamado *Layer Height,* que determina la calidad del objeto estableciendo la altura resultante de cada capa. Debes saber que, a menor tamaño de la capa, será menos perceptible por el ojo humano y requerirá mayor esfuerzo en tiempo para su ejecución. Lo ideal es modificar el parámetro y establecerlo a mayor altura hasta contar con la destreza de impresión que lleva la práctica. Puedes iniciarte con una altura de capa de 0,3 mm.

- **Espesor del contorno:** este parámetro denominado *Shell Thickness* hace referencia al espesor del contorno. Como principal indicativo, este debe contemplar un espesor múltiplo del módulo de extrusión. Si el módulo de extrusión cuenta con una medida de salida de 0,3, el parámetro se podrá establecer en 0,6 y así sucesivamente.

- **Activar la rectificación:** este valor denominado *Enable retraction* permite retraer la acción de salida del filamento cuando se da la circunstancia de que se imprime fuera del área de impresión soltando en forma de hilos el material sobrante. Facilita correctamente la retirada del consumible para dejarlo listo para la siguiente impresión.

- **Determinar la profundidad del espesor de la capa:** este valor denominado *Thickness* fija el espesor de la capa inferior y superior de la figura, pudiendo determinar el espesor de estas capas sólidas.

- **Determinar la densidad del relleno de la figura:** en este otro parámetro denominado *Fill Density,* puedes determinar la densidad interna de la figura; esto significa que, si determinas el valor de 100 %, tu modelado 3D será completamente sólido.

- **Determinar la velocidad para la impresión 3D:** desde este valor denominado *Print Speed* podrás gestionar la velocidad de impresión, pudiendo ser unos valores correctos entre de 10 mm y 60 mm por segundo.

- **Determinar la temperatura del extrusor:** con el valor *Printing Temperature* también puedes controlar la temperatura del módulo de extrusión que no es otra cosa que la temperatura a la que se fundirá el filamento. Dependerá del tipo de material:

  - PLA: entre 220 y 230 °C.
  - ABS: 240 °C, aproximadamente.

- **Determinar el caudal:** flow es el valor con el que podrás determinar el caudal de material que saldrá por el extrusor. Deberás ajustarlo para que exista equilibrio y cadencia, de esta manera la figura resultante será correcta.

 **PARA SABER MÁS**

En el siguiente documento, se muestra alguno de los principales parámetros que determinan la manera en la que se realiza el proceso para la definición del objeto 3D, así como para la impresión del mismo a través de *Cura Ultimaker.*

Continúa en página siguiente >>

<< Viene de página anterior

https://redirectoronline.com/ifct060po0236

En la actualidad, el proceso de diseño e impresión 3D puede estructurarse en **6 fases:**

- **Idea y boceto** (análisis de necesidades, primeros dibujos).
- **Modelado 3D CAD** (con herramientas como Fusion 360, Blender u otras).
- **Optimización del diseño** (comprobación de errores, refuerzo de zonas críticas).
- **Preparación con laminador o slicer** (Cura, PrusaSlicer, Bambu Studio...).
- **Impresión** (ajuste de parámetros técnicos y materiales).
- **Postprocesado** (eliminación de soportes, lijado, ensamblaje o pintura).

9. Montaje de la estructura y elementos mecánicos. Verificación de componentes mecánicos y eléctricos: motores, correas, rodamientos

☞ HILO CONDUCTOR

Ya está todo casi listo. Lucía ha decidido adquirir su primera impresora 3D con tecnología *FDM.* De entre multitud de modelos, ha seleccionado una que le permite ver el esqueleto de la misma. Además, entre las opciones de compra, ha optado por comprar el kit de ensamblaje no tanto por el precio (más económico que una impresora ya ensamblada), sino por aprovechar la coyuntura del montaje para consolidar los conocimientos adquiridos durante todo este tiempo.

El momento más esperado para cualquier *makers* es aquel en el que inicias el proceso de **montaje** de tu propia **impresora 3D.**

Piezas correspondientes al kit de la impresora Prusa i3.
(© Fotografía: Creative-Tools.com Vía Web - CC BY 2.0)

Aunque las estructuras, piezas y componentes variarán en función del modelo de impresora 3D, todas ellas cuentan con los mismos **elementos mecánicos** (correas, rodamientos, etc.) que, junto con los **elementos electrónicos,** hacen posible la impresión tridimensional de cualquier objeto o pieza.

Partes de una impresora Prusa i3

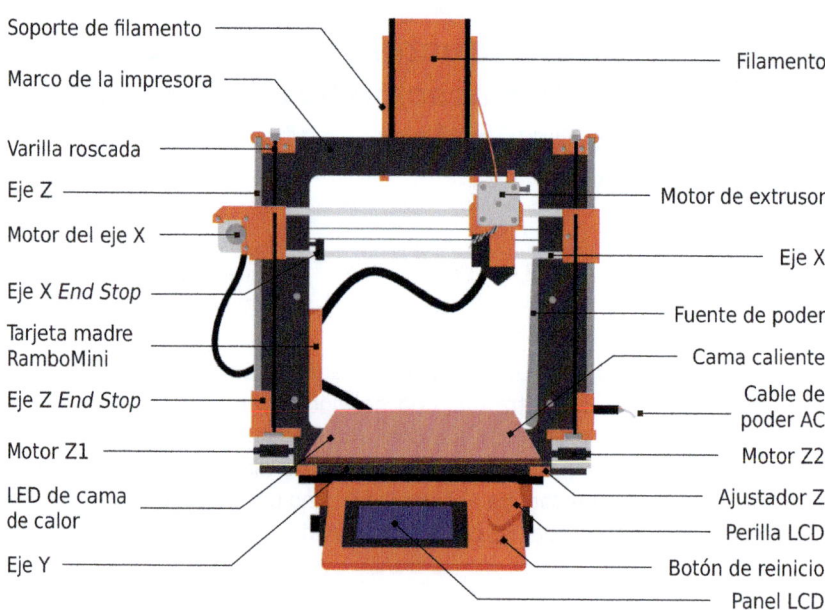

A continuación, comprobarás a través de los siguientes tutoriales que no resulta sencillo el montaje de todos los componentes de una impresora 3D si no cuentas con la suficiente paciencia y algo de destreza.

Aunque cada impresora trae su propia guía de instrucciones, puedes llevarte un gran chasco si adquieres una y los **pasos del ensamblaje** te vienen en diferentes idiomas menos en español. Por este motivo, puedes adquirir conocimientos sobre el ensamblaje de las unidades que cualquier impresora 3D requerirá para su buen funcionamiento.

Presta atención a los siguientes tutoriales.

El primer tutorial explica cómo debes actuar cuando recibes tu kit de impresora 3D.

 VÍDEO

Es el primer vídeo de los cuatro tutoriales en los que se enseña el ensamblaje y puesta en funcionamiento de una impresora 3D. Este primer tutorial muestra los primeros pasos del montaje de la impresora, desde que recibes el kit de impresión 3D.

https://redirectoronline.com/ifct060po0219

El segundo tutorial completa el ensamblaje de la estructura.

 **VÍDEO**

Este segundo tutorial complementa el vídeo anterior, finalizando el montaje de la estructura que soportará el resto de componentes de la impresora 3D.

https://redirectoronline.com/ifct060po0220

El tercer tutorial deja por finalizado el montaje de la parte mecánica.

 VÍDEO

Este es el tercer y último tutorial del montaje de la parte mecánica de una impresora 3D. En el vídeo observarás cómo deja ensamblada la impresora para comenzar a incorporarle los elementos electrónicos.

https://redirectoronline.com/ifct060po0221

10. Montaje de la electrónica, cableado, etc.

☞ HILO CONDUCTOR

La impresora 3D de Lucía ya está preparada para recibir el último impulso. Ha llegado el momento de comprobar si el tiempo y la paciencia dedicados para el ensamblaje han sido suficientes. En la recta final, solo le queda conectar el cableado y los componentes electrónicos para que su nueva impresora comience a funcionar. Parece que se acerca el momento más deseado.

Como todo artilugio que para su funcionamiento requiera **órdenes electrónicas,** en esta ocasión la impresora 3D cuenta con los siguientes componentes electrónicos:

Componentes electrónicos de una impresora 3D	
	Placa *Arduino*
	La placa *Arduino* gestionará todos los movimientos de tu impresora 3D. Ella concentrará todas las conexiones de la máquina, pero antes de su conexión debe ser cargada del programa que le alimentará, aunque también podría funcionar de manera autónoma, facilitándole información a través de fuentes externas (tarjeta SD).
	RAMP
	El *RAMP* es el escudo que llevará la placa *Arduino* y que le proporcionará a esta la potencia justa para el funcionamiento. Va conectada directamente a la placa *Arduino* y en ella van incorporadas todas las conexiones de los elementos electrónicos.
	Driver
	Los *Drivers* sirven para gestionar adecuadamente la corriente que proporciona potencia al motor; cuentan con un potenciómetro que gestiona la variación de la potencia.

Continúa en página siguiente >>

<< Viene de página anterior

Componentes electrónicos de una impresora 3D	
	Motor
	Su aspecto compacto nos indica la importancia de este elemento. Además de proporcionar la fuerza necesaria para la impresión, muchos de ellos son capaces de detectar los diferentes colores de filamentos gracias al código de la bobina. De este motor se desprenden cuatro cables de diferentes colores para facilitar su conexión.
	Sensor
	El sensor es un elemento electrónico de vital importancia. Ajusta la temperatura gracias a los termisores que lleva incorporado.
	End Stop
	También denominado "final de carrera". Instruye a la impresora para indicarle el punto de inicio de impresión. La impresora tendrá un final de carrera por cada uno de los ejes.

Además de las piezas descritas anteriormente, podrás observar en la siguiente imagen otras no menos importantes cuyo ensamblaje final en la máquina proporcionarán la operatividad a la impresora 3D.

Conjunto del total de piezas electrónicas de una impresora 3D

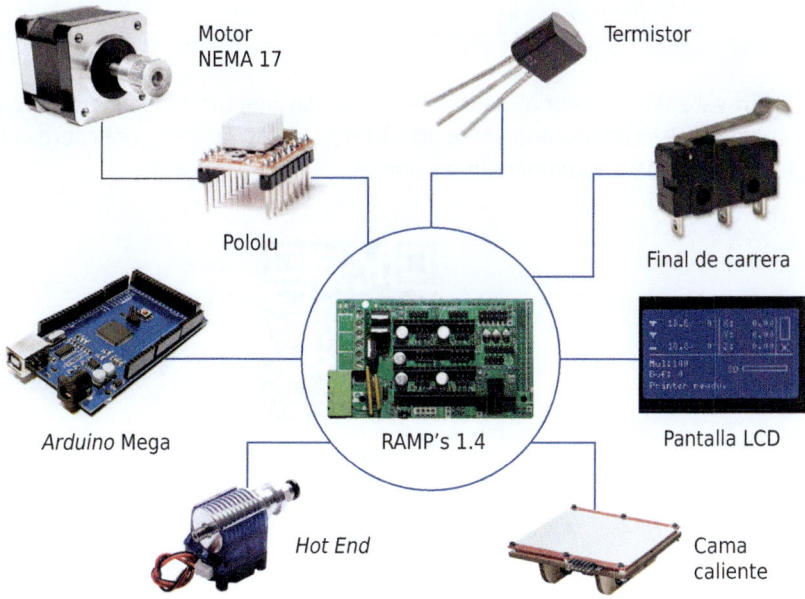

Motor NEMA 17

Termistor

Pololu

Final de carrera

Arduino Mega

RAMP's 1.4

Pantalla LCD

Hot End

Cama caliente

 **VÍDEO**

En este vídeo se muestra paso a paso el proceso de montaje de una impresora **Prusa MK4S.** Con esta máquina es posible imprimir con hasta cinco filamentos distintos, facilitando trabajos multicolor o multimaterial en impresoras FDM de forma automatizada. Es ideal para usuarios que quieren ampliar las capacidades de su impresora 3D.

https://redirectoronline.com/ifct060po0238

 **VÍDEO**

En este último tutorial podrás ver cómo se montan todos los componentes electrónicos de una impresora 3D. Gracias a ellos, la impresora cobra vida y ya está lista para su primera impresión.

https://redirectoronline.com/ifct060po0223

 TAREA 2

Carlos es un padre de familia que quiere descubrir el mundo de la tecnología 3D alentado por su hijo menor, quien muestra enorme interés por las nuevas tecnologías desde bien pequeñito. A Carlos le sorprende que su hijo pase largo tiempo hablando sobre técnicas de modelado en vez de videojuegos, por lo que, después de un tiempo, decide inscribirlo en un taller de impresión 3D para niños.

En breve, se acerca una fecha importante; su hijo cumplirá 13 años y Carlos ha decidido regalarle su primera impresora 3D. Sin embargo, hay aspectos que desconoce para poder adquirir la mejor opción. ¿Podrías ayudar a Carlos a tomar una decisión acertada?

Con estos datos, ayudarás a Carlos identificando los elementos que necesitará su hijo para diseñar y crear modelos 3D, le mostrarás *softwares* de modelado 3D para tecnología *FDM*, le indicarás la configuración de los principales parámetros del *software* previa a la impresión y le ayudarás a identificar los componentes mecánicos y eléctricos para el montaje de la impresora para su correcto funcionamiento.

11. Resumen

Dentro de la gran complejidad de una realidad de impresión 3D cada vez más desarrollada e innovadora, introducirse en el mundo de la tecnología 3D requiere de conocimientos básicos no solo de la máquina en sí (morfología y componentes), sino también de elementos tan importantes como para poder crear y diseñar prototipos 3D de calidad.

Este último elemento coprotagonista es el *software* de modelado 3D que, junto a la impresora, formarán un excelente tándem.

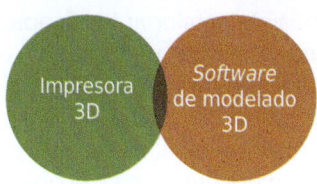

No obstante, también es posible obtener una figura 3D sin la necesidad de contar con el *software* de modelado. En esta ocasión será posible gracias a plataformas webs que ofrecen **plantillas de modelado 3D** de forma gratuita o de pago.

La posibilidad de que la tecnología de impresión 3D pueda estar al alcance de la ciudadanía ha hecho posible el desarrollo de comunidades en torno a la **cultura Maker,** fundamentada en la innovación y cuya metodología de trabajo está basada en el principio de **"hazlo tú mismo"** *(DIY, Do it Yourself).*

A través de estas comunidades de aprendizaje, se difunde gran cantidad de información relevante como, por ejemplo, los **tipos de modelos 3D,** cada uno de ellos con diferentes artes y mañas de impresión.

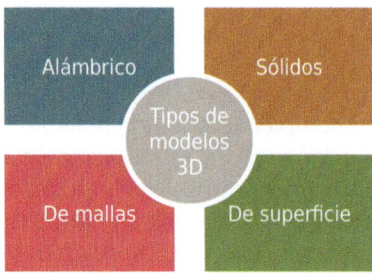

Por otra parte, dentro de la democratización de la impresión 3D que hace viable que muchos usuarios se adentren y se desarrollen en el mundo del modelado 3D, es posible catalogar la **tecnología** *FDM (Fused Deposition Modeling)* como una de las más utilizadas. En ella la característica principal consiste en la **fabricación de piezas 3D capa a capa,** situando el material plástico por toda la superficie de la capa. El material consiste en filamentos de plásticos PLA o ABS, principalmente, que por la acción del calor van depositándose de tal manera que forman el objeto tridimensional.

Las instrucciones son dadas a partir de un programa de diseño intuitivo y fácil de gestionar, denominados *software* **de modelado** *CAD (Computer-Aided Design),* caracterizado por contemplar la facilidad de **diseño asistido por ordenador.** No hay que olvidar que el concepto de "diseño" desde el enfoque de la impresión 3D: no hace tanto referencia al sentido artístico del término, sino que da respuesta a la **búsqueda de soluciones.**

Hay multitud de opciones en el mercado para adquirir un programa de diseño 3D.

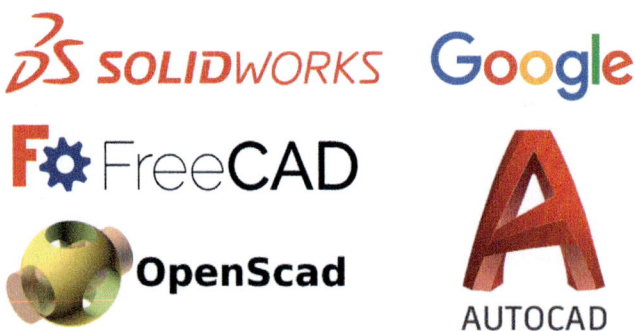

Todos ellos y muchos otros admitirán la posibilidad de diseñar un modelo 3D partiendo de un **modelado predefinido** y que posteriormente podrá ser editado. Sin embargo, sea diseño nuevo, edición o descarga de plantillas de modelado, en todas estas situaciones y antes de enviar la orden de impresión desde el equipo o dispositivo (algunas impresoras admiten también tarjeta SD y acceso USB), toca revisar los **parámetros de configuración del** *software.*

Asimismo, y en todos los casos, para que la impresora pueda imprimir un archivo creado a raíz de modelado 3D, deberá haber sido descargado con anterioridad el diseño en un tipo de archivo denominado **.stl** o bien **.obj.** Además, desde estos tipos de registros, se generará otro denominado *GCode,* con el que además de detectar errores antes de la impresión, convertirá la imagen en un **lenguaje de programación** óptimo para que la impresora pueda leerlo e iniciar la impresión.

Objeto digitalizado 3D

Lenguaje de programación GCode

También la tecnología de impresión 3D admite la posibilidad de que, partiendo de una figura prediseñada, pueda esta ser adaptada incorporando nuevos elementos o piezas al objeto, dando la posibilidad al usuario de realizar distintas versiones desde una figura original diseñada con anterioridad.

Otras fórmulas de avanzar en el mundo de la impresión 3D pueden provenir de las técnicas que aplican los diferentes programas para **renderizar una imagen,** basados en la geometría y en los algoritmos y cuya finalidad es **aportar realismo** a la imagen.

Dicho todo esto y para poner en práctica la impresión común, será antes necesario asegurarnos de la correcta configuración de las **tres partes** que componen la **estructura de un** *software* **de modelado.**

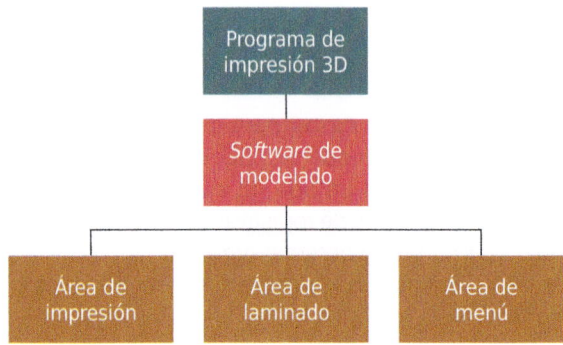

En cada parte o área funcional quedarán establecidos unos valores determinados para que el resultado de la impresión sea óptimo y de calidad.

Entre los principales parámetros que hay que cotejar estarán los siguientes:

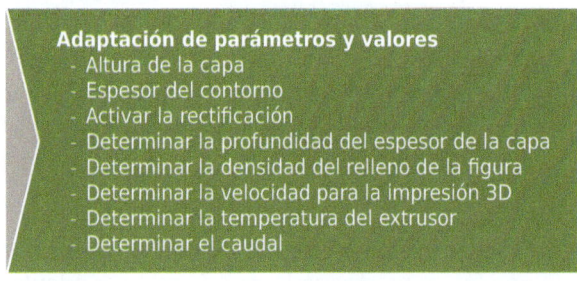

Ya por último, el conocimiento del ensamblaje de todas las partes que conforman una impresora 3D culminará el aprendizaje básico, tanto de los aspectos mecánicos como electrónicos, y así poder estar preparado para cualquier incidencia que pudiera surgir en su puesta en funcionamiento y en su manejo diario.

Ejercicios de autoevaluación
Unidad de Aprendizaje 2

1. Indica si las siguientes afirmaciones son verdaderas o falsas:

    a. La impresora 3D y el *software* de modelado forman un tándem que determinará el resultado final del objeto tridimensional.

        ■ Verdadero
        ■ Falso

    b. Para diseñar tu propio modelado tridimensional, no es necesario disponer de un *software*.

        ■ Verdadero
        ■ Falso

    c. Es posible encontrar plantillas de modelados 3D en diferentes plataformas web.

        ■ Verdadero
        ■ Falso

2. Es posible descargar un archivo que contenga un prototipo 3D para su impresión siempre y cuando sea del tipo:

    a. .jpg o .pnl.
    b. .obj o .stl.
    c. HTML.
    d. Todas las opciones son correctas.

3. La cultura Maker está fundamentada en:

    a. La cultura Byod.
    b. El principio de "hazlo tú mismo".
    c. El trabajo cooperativo.
    d. Todas las opciones son incorrectas.

4. El modelado 3D puede ser:

    a. Alámbrico.
    b. Sólido.
    c. De superficie y de mallas.
    d. Todas las opciones son correctas.

5. Un *software* de los denominados CAD :

    a. Es aquel en el que el diseño del objeto 3D es asistido por ordenador.
    b. Es un programa intuitivo.
    c. Invita a investigar al usuario a medida que va adquiriendo conocimientos en la materia.
    d. Todas las opciones son correctas.

6. El concepto "diseño" desde el enfoque 3D hace referencia al:

    a. Sentido artístico.
    b. Sentido de innovación tecnológica.
    c. Sentido de búsqueda de soluciones.
    d. Todas las opciones son incorrectas.

7. La característica principal del modelado de deposición fundida es:

    a. La fabricación de piezas 3D es mediante materiales metálicos.
    b. La fabricación de piezas 3D es mediante la técnica capa a capa por toda la superficie de la capa.
    c. La fabricación de piezas 3D es mediante la técnica de una única capa.
    d. Todas las opciones son incorrectas.

8. El *GCode* es:

    a. Un tipo de filamento plástico.
    b. Un archivo digital que contiene un prototipo 3D.
    c. Un lenguaje de programación.
    d. Todas las opciones son incorrectas.

9. **Aquella parte electrónica que proporciona potencia a la placa *Arduino* se denomina:**

    a. *End Stop.*
    b. Sensor.
    c. Motor.
    d. RAMP.

10. **Aquel elemento mecánico que instruye a la impresora para indicar el punto de inicio de la impresión se denomina:**

    a. Extrusor.
    b. Acoplador.
    c. *End Stop.*
    d. Placa *Arduino.*

Impresión. Validación y pruebas

Contenido

Objetivos

El objetivo general de esta Unidad de Aprendizaje es:

→ Abordar los conocimientos básicos para poder valorar adecuadamente la puesta en marcha y el correcto desempeño de una impresora 3D, contemplando para ello pruebas de impresión que permitan validar su correcto funcionamiento.

Los objetivos específicos de esta Unidad de Aprendizaje son:

→ Identificar los pasos para realizar una correcta revisión de montaje de impresora 3D.

→ Describir los elementos de seguridad a tener en cuenta para abordar los riesgos que conlleva la impresión del modelado tridimensional.

→ Aprender a calibrar una impresora 3D para su correcto funcionamiento.

1. Introducción

Una prueba fehaciente de la **democratización de la tecnología de impresión 3D** que está **generando impacto** y repercusión no solo en empresas e industrias, sino también en el ciudadano de a pie, es simplemente poder observar la cantidad de **modelos diferentes** de impresoras disponibles en el **mercado tecnológico.**

Es posible que este auge e interés que genera una mayor oferta de máquinas, unido a la inmediatez que reclaman los **usuarios del sigo XXI** en adquirir y poner en marcha rápidamente sus habilidades tecnológicas, no permita reflexionar a fondo sobre el gran **potencial** que pueden ofrecen estos **grandes artilugios,** además de los posibles riesgos inherentes de este tipo de tecnología aditiva.

No obstante, el **autoaprendizaje** puede permitir adquirir un nivel de conocimiento elevado, siempre y cuando se cuente con una **base formativa** que sirva de defensa para hacer frente a la **frustración** lógica e inicial de encontrar un maremágnum de piezas en un kit de impresora 3D lista para un **ensamblaje de precisión,** cuyo buen funcionamiento debe contemplar la manipulación de elementos que aporten seguridad física para el usuario.

Para hacer frente a estos **retos,** y sobre todo para poder contar con los conocimientos necesarios y saber realizar una **comprobación del montaje** de impresora 3D de manera correcta, nos seguiremos basando en el caso de Lucía, una experimentada docente cuyo interés por aprender esta tecnología va más allá de lo meramente personal en su pretensión por incluirla como elemento didáctico en su centro educativo.

2. Revisión del montaje. Elementos de seguridad

 HILO CONDUCTOR

Antes de poner en marcha la máquina de impresión 3D, Lucía tendrá que tener muy en cuenta todos aquellos aspectos relativos a la seguridad y manipulación del artilugio (no hay que olvidar que la tecnología aditiva requiere de técnicas en las que se aplican altas temperaturas). El objetivo principal es que el alumnado pueda utilizar esta herramienta como elemento didáctico de aprendizaje en cada materia y, para ello, Lucía tendrá que tener bien atada esta importante cuestión.

Una vez has recibido tu kit de impresión 3D, te dispondrás a realizar el montaje de las piezas. Durante el ensamblaje de la impresora es posible que puedas encontrarte con algunos **problemas fáciles de resolver.** Aquí tienes algunas de las complicaciones que pudieran presentarse:

Elementos que no encajan
- Como sabrás, el mecanismo que permite el ensamblado de todas las piezas de una impresora 3D requiere que cada una de las piezas que la componen se ajuste al milímetro. De no ser así, esto puede ser motivo de un funcionamiento inadecuado. Es posible que te encuentres con una situación en la que tendrás que ejercer más fuerza para que las piezas queden bien ajustadas, sin embargo esta presión puede ser motivo de la ruptura de algún elemento. Por otro lado, también puede ocurrir que las piezas vengan con algún defecto de fábrica, especialmente huecos que habrá que rellenar mediante procesos de soldadura.

Ausencia de herramientas en el kit
- En ocasiones, el kit de ensamblaje trae solo un juego de una determinada herramienta. Sin embargo, en muchas ocasiones es necesario utilizar dos iguales al mismo tiempo, de tal manera que facilite ajustes de tuercas y tornillos con total precisión. En esta situación deberás ser previsor y contar al menos con una llave inglesa que permita ajustar diferentes tamaños que, junto a la que trae el kit, te facilitará enormemente la correcta manipulación.

Complejas explicaciones
- En muchas ocasiones es posible encontrar instrucciones confusas que puede llevar a realizar un montaje incorrecto. Especialmente, las confusiones más comunes están originadas en el sistema de cableado. En este sentido, y si se da esta circunstancia, la comunidad Maker puede ayudarte a encontrar la solución.

Antes de poner en marcha la impresión, tendrás que **revisar a conciencia el montaje** de tu máquina de impresión. Para ello tendrás que ultimar ciertos pasos realizando algunos ajustes importantes.

 **VÍDEO**

A través de este vídeo conocerás cómo realizar correctamente el ajuste del eje Z:

https://redirectoronline.com/ifct060po0301

Para completar los conocimientos relativos a las soluciones que podrías aplicar a complicaciones que te puedan surgir en la puesta en funcionamiento de tu impresora 3D, aquí dispones de una guía de resolución a problemas:

https://redirectoronline.com/ifct060po0302

No obstante, dejarte llevar por las ganas de poder realizar tus diseños e imprimirlos rápidamente en tu impresora recién ensamblada puede poner en riesgo tu seguridad en el manejo y manipulación de elementos de la misma.

Para evitar asumir ciertos **riesgos en las técnicas de impresión 3D,** deberás conocer primero la **fuente de origen** de las principales **incidencias de seguridad** en la impresión 3D:

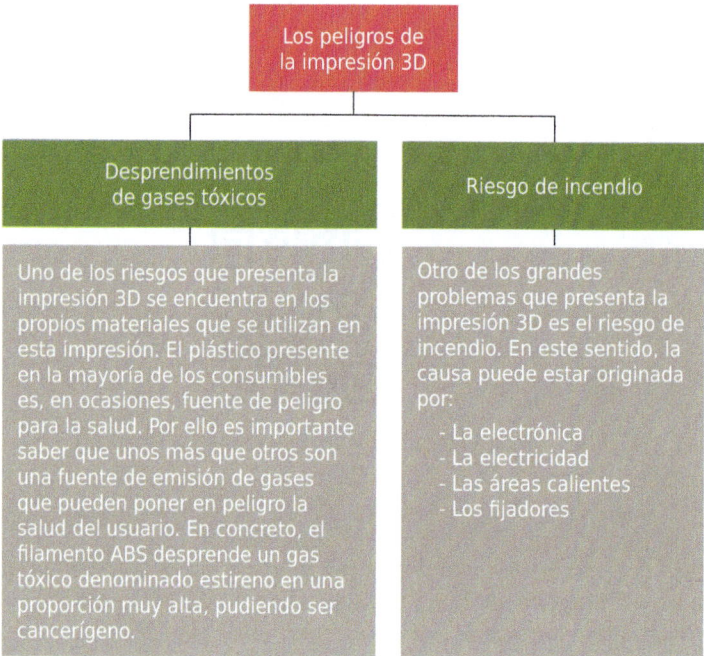

 ACTIVIDAD COMPLEMENTARIA

3. Realiza pequeño trabajo de investigación. Localiza en internet algún consejo que pueda hacer frente a los riesgos originados por la tecnología de impresión 3D.

3. Validación. Calibración

 HILO CONDUCTOR

Una vez Lucía ha dedicado tiempo en conocer y entender todos los elementos de seguridad a tener en cuenta, deberá ejecutar en la impresora los últimos pasos para que esta ofrezca los resultados de impresión más óptimos.

Conocidos ya los aspectos de prevención de riesgos en la manipulación de la impresora 3D, deberás abordar ahora uno de los aspectos más importantes para la puesta en marcha de tu impresora 3D. Antes de este último paso, tendrás que realizar **la calibración** de la máquina para su correcto funcionamiento.

Una base de impresión debidamente nivelada ofrecerá el equilibrio necesario de todas las piezas de la impresora para dar como resultado un prototipo de calidad.

Calibrar la impresora implica nivelar la base. Para ello será necesario **ajustar los ejes** que conforman la estructura; de lo contrario, será imposible obtener buenos resultados de impresión.

**Imagen de representación de los ejes
que conforman la estructura de una impresora 3D**

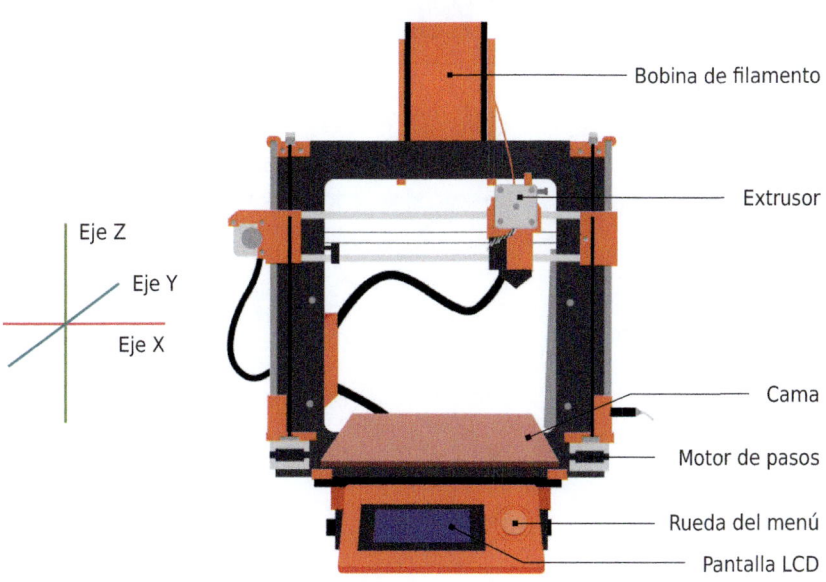

Eje Z

Eje Y

Eje X

Bobina de filamento

Extrusor

Cama

Motor de pasos

Rueda del menú

Pantalla LCD

NOTA

Los tres ejes X, Z e Y determinan los ejes del movimiento (a lo ancho X, a lo alto Z, a lo largo Y).

El eje **X (ancho)** es el encargado del movimiento del extrusor, su calibrado es necesario porque evitará distorsiones en la salida del filamento cuando el extrusor se desplace por él.

Con el calibrado del **eje Z (alto),** se consigue aproximar la punta del extrusor a la cama o base de la impresora. Para regular la altura perfecta, ten en cuenta que la distancia entre la punta del extrusor y la base debe permitir que una hoja de papel común se deslice con una leve resistencia. Este método es hoy uno de los más usados para el calibrado fino del eje Z.

Como todo proceso, la calibración requerirá prestar atención a diferentes pasos que podrán ser diferentes en función del modelo de la máquina. No obstante, esta maniobra de nivelado en la tecnología de impresión 3D podrá realizarse de diversas maneras:

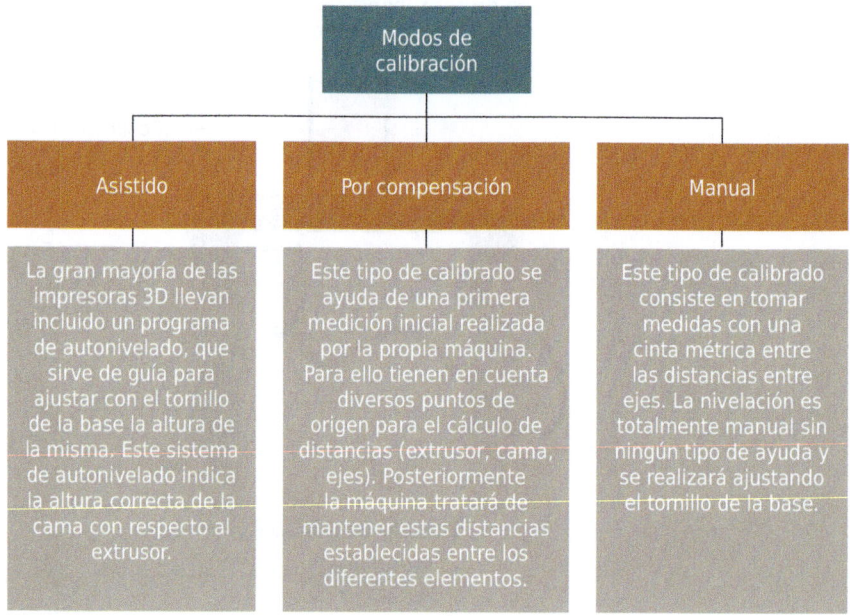

NOTA

En la gran mayoría de las impresoras 3D con tecnología *FDM,* se utiliza una calibración manual. Muchos modelos ya montados y calibrados de fábrica requieren de un nuevo proceso de nivelado debido al desajuste producido en el transporte de envío y recepción de la impresora.

El siguiente recurso es excelente para personas usuarias de impresoras 3D que buscan un método fácil y eficaz para **optimizar la precisión dimensional de sus impresiones** mediante el **calibrado manual** de los ejes **X, Y** y **Z** de una impresora 3D FDM. Con ello, se consigue mejorar la exactitud y calidad de las piezas impresas en 3D.

VÍDEO

Visualiza este tutorial que explica paso a paso:

- Cómo imprimir una pieza de prueba de 100 mm
- Medirla con herramientas (calibrador)
- Comparar con la longitud esperada
- Calcular el nuevo valor de pasos por milímetro (epf/mm) con la fórmula recomendada
- Ajustar los valores en el *firmware* o desde el *slicer*

https://redirectoronline.com/ifct060po0309

4. Pruebas de impresión

☞ HILO CONDUCTOR

Y llegó el momento tan deseado. Para ello, Lucía se ha descargado algunas plantillas que puedan servirle de prueba. Posteriormente, y cuando ya tenga cierta destreza en el diseño, podrá realizar sus propias maquetas y darle vía libre a su imaginación. Lucía es muy consciente de que este aparato puede convertir una idea en algo real y tangible. Esta es la lección que quiere transmitir a su alumnado.

Una vez hayas realizado el proceso de calibración de tu impresora, deberás comprobar que todo está correcto. Para saberlo solo tendrás que realizar una sencilla prueba de impresión.

El siguiente artículo muestra una sencilla **fórmula para verificar** este proceso; se trata de la impresión del modelo "barco #3DBenchy".

◉ EJEMPLO

Aunque existen otras opciones para comprobar la precisión de la impresora 3D como el modelo **XYZ** *Calibration Cube* o la **Torre de temperatura;** ambos métodos especialmente útiles para ajustar los parámetros de extrusión y adherencia según el filamento. Con el modelo 3DBenchy podrás comprobar fácilmente a través de una plantilla si tu impresora está correctamente calibrada. Para ello, solo tienes que seguir los parámetros de configuración que se especifican en el siguiente post:

https://redirectoronline.com/ifct060po0304

Continúa en página siguiente >>

<< *Viene de página anterior*

Imagen del Barco 3DBenchy
(© Fotografía: 3DBenchy / 3DBenchy.com)

APLICACIÓN PRÁCTICA

Elena ha adquirido recientemente una impresora 3D FDM. Tras varios intentos de impresión observa que las primeras capas no se adhieren a la base, lo cual provoca impresiones fallidas. Esta situación es muy común, pudiendo estar relacionada con diversos factores como la nivelación de la cama, la temperatura de extrusión o el uso de materiales incorrectos. ¿Podrías ayudar a Elena resolviendo el problema planteado?

Solución

Una base o cama caliente hacen posible que solo las primeras capas de filamento que salen por el extrusor puedan fijarse correctamente. En caso de disponer de una impresora que no cuente con este elemento, el usuario tendrá que optar por mejorar la adherencia utilizando materiales de base para tal fin.

5. Manipulación de modelos

HILO CONDUCTOR

Es evidente que cada modelo de impresora 3D tiene sus propias características. Sin embargo, el manejo de todas ellas requiere unos conocimientos básicos que

Continúa en página siguiente >>

<< Viene de página anterior

podrán incorporarse en el aprendizaje del manejo de la tecnología 3D para todo el alumnado del instituto. Lucía, tras el éxito de su presentación en el claustro de profesores, propone la posibilidad de crear un taller donde el alumnado creará su propio modelo de impresora 3D a través del cual podrán imprimir modelos tridimensionales anteriormente diseñados por ellos mismos.

Llegado este momento, has de familiarizarte con nuevas formas de manipular modelos 3D gracias a la integración de la **inteligencia artificial** en los procesos de diseño. Actualmente, existen herramientas que te permiten generar objetos tridimensionales simplemente describiendo lo que deseas crear, sin necesidad de conocimientos avanzados de modelado.

A continuación, te presentamos un vídeo que te servirá de inspiración para explorar estas tecnologías emergentes.

 VÍDEO

Este recurso explica cómo utilizar herramientas de inteligencia artificial para crear diseños 3D de forma sencilla y accesible para cualquier persona usuaria. Es una excelente introducción a las nuevas posibilidades creativas aplicadas al mundo de la impresión 3D.

https://redirectoronline.com/ifct060po0310

 **TAREA 3**

Mateo acaba de recibir en su domicilio el kit de impresión 3D. Tras dedicarle algunas horas al montaje de su nueva impresora se dispone a realizar una primera impresión de un modelado 3D. Para ello se ha descargado algunas plantillas gratuitas desde internet, por lo que está deseando probar la impresora y así poder cubrir las expectativas generadas con este modelo adquirido.

Sin embargo, el resultado no es el esperado:

- Se observa que en la impresión del objeto existe un desplazamiento de capas.
- Hay partes del objeto que salen desfiguradas.
- La impresora está sobrecalentada.
- Se observan ondulaciones a lo largo del lateral del objeto.
- En general existen desajustes en la impresión.

¿Podrías ayudar a Mateo indicándole las pautas a tener en cuenta para el correcto funcionamiento de su impresora 3D?

Identifica los pasos para realizar una correcta revisión de montaje de impresora 3D, describe los elementos de seguridad a tener en cuenta para abordar los riesgos que conlleva la impresión del modelado tridimensional y, por último, indica cómo aprender a calibrar una impresora 3D para su correcto funcionamiento.

----

6. Resumen

El **ensamblaje correcto** de una impresora 3D vendrá determinado por los resultados que ofrezca una prueba de impresión.

Es posible evitar cierta frustración en la fase de montaje si se conocen algunos **inconvenientes más habituales** que pueden presentarse.

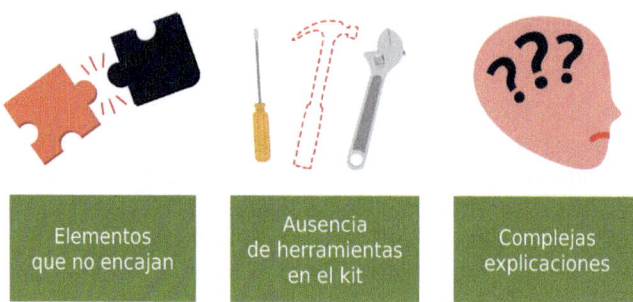

Elementos que no encajan	Ausencia de herramientas en el kit	Complejas explicaciones

El avance de las impresoras 3D en los últimos años ha supuesto una mejora en la facilidad de calibración, gracias a sistemas automáticos más precisos. Aun así, comprender los principios básicos del nivelado, la seguridad y las pruebas de impresión, es esencial para lograr resultados profesionales, incluso en entornos formativos o en contextos domésticos.

Una vez montada y ensamblada cada pieza, y justo antes de poner en marcha la primera impresión, es vital prestar atención a la manipulación de piezas o elementos que pueden ser motivo de **riesgos y peligros para la seguridad** del usuario.

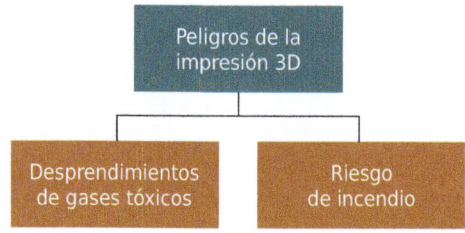

Una vez advertidos los riesgos, el siguiente paso antes de la primera impresión consistirá en el **calibrado de la máquina.**

Para el nivelado, se tendrán en cuenta los **tres ejes del movimiento** de la impresora que permitirán el ajuste y calibrado de la cama. El objetivo es conseguir una base de impresión debidamente nivelada que ofrecerá el equilibrio necesario de todas las piezas de la impresora para dar como **resultado un prototipo de calidad.**

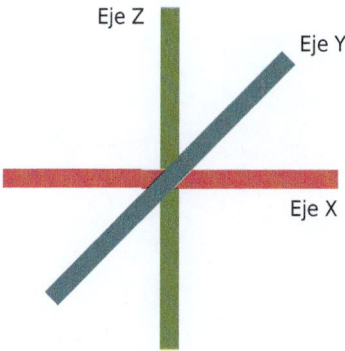

Para poder llevar a término el **calibrado óptimo,** podrá realizarse este con **diferentes procedimientos.**

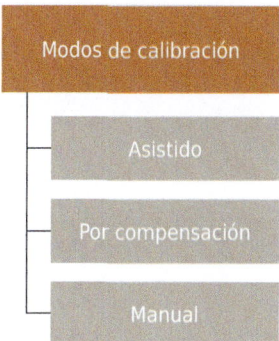

No obstante, y aunque la gran mayoría de las impresoras cuenta con un sistema de calibrado asistido o autocalibrado, en las impresoras con tecnología *FDM* suele realizarse este procedimiento de forma manual.

Una vez que todos estos pasos previos (ensamblaje, revisión y calibrado) se han podido llevar a cabo, llega el momento esperado de **comprobar y verificar** el correcto funcionamiento de la máquina con una primera **impresión de prueba.**

Tras la comprobación, ya es posible poner en práctica la creatividad, aprovechando las **herramientas intuitivas** que los diferentes *softwares* de diseño 3D ponen a disposición del usuario.

Ejercicios de autoevaluación
Unidad de Aprendizaje 3

1. Indica si las siguientes afirmaciones son verdaderas o falsas:

a. La adquisición de una impresora 3D ya ensamblada no requerirá ningún tipo de revisión antes de la puesta en funcionamiento.

- Verdadero
- Falso

b. Un kit de impresión 3D siempre contiene piezas que encajan milimétricamente.

- Verdadero
- Falso

c. Una vez se ha ensamblado una impresora 3D, se tendrá que realizar una revisión a conciencia y ultimar los pasos realizando los ajustes necesarios.

- Verdadero
- Falso

2. Los principales peligros de la impresión 3D son aquellos originados por:

a. Desprendimientos de gases tóxicos.
b. Riesgo de incendio por la electrónica, electricidad, áreas calientes o fijadores utilizados.
c. Desprendimientos de gases tóxicos y riesgo de incendio por la electrónica, electricidad, áreas calientes o fijadores utilizados.
d. Todas las opciones son correctas.

3. Uno de los aspectos más importantes para la puesta en marcha de la impresora 3D es:

a. Que disponga de cama caliente.
b. Que la impresora esté calibrada.

    c. Que el filamento sea de la mejor calidad.

    d. Todas las opciones son incorrectas.

4. Una calibrado será correcto cuando está nivelado:

    a. El eje Z.

    b. El eje X.

    c. La base.

    d. Todas las opciones son correctas.

5. El eje X es aquel que determina el movimiento del extrusor...

    a. ... hacia lo largo.

    b. ... hacia lo ancho.

    c. ... hacia lo alto.

    d. Todas las opciones son incorrectas.

6. Una impresora 3D puede llegar a admitir el método de calibración:

    a. Manual.

    b. Por compensación.

    c. Asistido.

    d. Todas las opciones son correctas.

7. La gran mayoría de las impresoras 3D domésticas de tecnología *FDM* utiliza el método de calibrado...

    a. ... por compensación.

    b. ... asistido.

    c. ... manual.

    d. Todas las opciones son incorrectas.

8. Para conocer si el calibrado de una impresora es el correcto, será necesario:

    a. Seguir cada paso del manual de instrucciones.

    b. Realizar una prueba de impresión y comprobar los resultados.

    c. Comprobar que en la pantalla de la impresora se especifique el calibrado correcto.

    d. Todas las opciones son incorrectas.

9. Un *software* de modelado 3D ofrece habitualmente:

    a. Herramientas para diseñar figuras 3D.
    b. Herramientas para editar figuras 3D.
    c. Herramientas para manipular el modelado 3D.
    d. Todas las opciones son correctas.

10. La manipulación de modelos 3D con programas específicos para tal fin...

    a. ... está orientada exclusivamente para iniciar a los usuarios en el modelado 3D.
    b. ... está orientada a usuarios expertos en el diseño de modelado 3D.
    c. ... permite que el usuario se familiarice en la creación y diseño de prototipos.
    d. Todas las opciones son incorrectas.

Materiales

Contenido

Objetivos

El objetivo general de esta Unidad de Aprendizaje es:

→ Abordar los conocimientos sobre la impresión en relación a los materiales termoplásticos más utilizados en la tecnología de impresión 3D. Analizar pruebas de impresión y conocer técnicas de acabado final.

Los objetivos específicos de esta Unidad de Aprendizaje son:

→ Descubrir las particularidades de los diferentes materiales termoplásticos para la impresión 3D.

→ Conocer ejemplos y pruebas de impresión en un entorno de aprendizaje.

→ Identificar técnicas de tratamientos superficiales específicas para el acabado final.

→ Saber proponer reparaciones concretas como soluciones a problemas planteados.

---

1. Introducción

La **tecnología 3D** evoluciona tan rápido que es necesario sentar unas **bases de conocimientos firmes** que soporten las **nuevas ideas,** propuestas e innovaciones en esta materia.

Actualmente ya es posible hablar de impresión de materiales orgánicos entre otras alternativas como son aplicaciones en la industria, biomedicina, etc.

En un futuro próximo se democratizarán técnicas de impresión de alimentos tal y como ya es posible ver en centros especializados. Sin embargo, estas técnicas tan avanzadas han surgido **de un mismo patrón como sistema de producción de prototipos 3D.**

El potencial que ofrecen estas máquinas de impresión al alcance de todos no es tanto la posibilidad de imprimir bocetos o plantillas ya predefinidas, sino la **transformación de ideas** innovadoras y útiles para la sociedad **en una pura realidad tangible.**

Pero todos los avances en esta tecnología han sobrevivido a prácticas erróneas no carentes de problemas. Por este motivo y por otros, será imprescindible conocer y comprender problemas habituales en el manejo de la impresión 3D.

En esta última unidad, reforzaremos los conocimientos relacionados con los **materiales termoplásticos** de impresión, las **técnicas de acabado final** y la **solución de problemas** a las dificultades sobrevenidas en la práctica diaria de esta tecnología.

Para ello, nos seguiremos basando en el caso de Lucía, una disciplinada docente que ve en la impresión 3D una alternativa viable para potenciar las capacidades de su alumnado.

2. Impresión en diferentes materiales termoplásticos

☞ HILO CONDUCTOR

Tras la aprobación en el claustro de profesores del presupuesto destinado a la creación del taller de impresión 3D del instituto, Lucía, como responsable del mismo, debe analizar muy a fondo qué materiales termoplásticos utilizará para iniciar su andadura tecnológica.

Es evidente que la tecnología 3D ha ido apareciendo tímidamente en la vida de muchos hogares y empresas. Si consigues echar la vista atrás, comprobarás los grandes avances a los que se ha sometido hasta llegar al día de hoy, donde su aplicación ha permitido desarrollar grandes y útiles propuestas en cada vez más sectores. Algunas de ellas son por ejemplo:

| **Bioimpresión**
- Tejidos 3D o riñones trasplantables. | **Alimentos**
- Descargar plantillas e imprimirte tu propia comida, etc. |

Los avances de la tecnología de impresión 3D son cada vez más sorprendentes, pudiendo ser aplicados en un futuro próximo desde el propio hogar.

El material utilizado en la impresión 3D constituye un elemento fundamental, siendo el ABS y el PLA los más empleados por quienes se inician en esta tecnología. Sin embargo, en los últimos años, la impresión 3D ha evolucionado hasta incorporar materiales compuestos, flexibles, reciclados y biodegradables, así como avances significativos en bioimpresión y fabricación de alimentos.

Además del **ABS** y el **PLA,** han ganado popularidad otros filamentos como el **PETG,** un material resistente, fácil de imprimir y ligeramente flexible, que combina lo mejor de ambos y resulta ideal para piezas funcionales. También, destaca el **TPU,** un filamento flexible y altamente resistente al desgaste, muy utilizado en la industria para fabricar objetos con propiedades elásticas, como fundas, ruedas o juntas.

Tal y como viste al inicio de esta formación, la impresión 3D ofrece diferentes tipos de tecnologías, siendo la de deposición fundida (FDM) la más extendida en la cultura *maker*. Esta tecnología se caracteriza precisamente por el uso de **materiales termoplásticos** durante el proceso de impresión.

DEFINICIÓN

Materiales termoplásticos
Son aquellos que se utilizan en la impresión 3D que, gracias al efecto calor, pueden fundirse para la creación del prototipado 3D.

Pero, además de los consumibles anteriormente nombrados, van apareciendo **nuevos materiales** que conforman el conjunto de **termoplásticos** y que quizá te convenga conocer:

Materiales termoplásticos	
ABS	El ABS es el conocido acrilonitrilo butadieno estireno, un material termoplástico muy resistente, aunque presenta ciertos problemas si se humedece. Como ya sabrás, desprende gases tóxicos.
PLA	El PLA es el conocido ácido poliláctico, económico y principalmente compuesto de material biodegradable como el almidón. No contamina ni emite gases tóxicos.

Continúa en página siguiente >>

<< Viene de página anterior

Materiales termoplásticos	
PA	El PA es el material conocido como poliamida (nailon), muy resistente y económico.
HIPS	El HIPS es el material conocido como poliestireno de alto impacto; requiere de más técnica para su manipulación y es poco económico, aunque es un material muy duradero.
HDPE	El HDPE es el material conocido como polietileno de alta densidad. Este material es altamente reciclable. Con él es posible imprimir botellas, aunque su manejo no es tan sencillo como otros materiales. Lo importante de este material es que puede conseguirse de materiales reciclados.
PVA	El PVA es el material conocido como alcohol polivínilico. Su característica principal es la capacidad adhesiva que tiene. Puede servir como soporte de modelo de impresión, ya que al disolverse al contacto con el agua puede dar como resultado el elemento que contenía, es decir, sirve de molde como material soluble que es.
TPE	El TPE es el material conocido como elastómero termoplástico; su semejanza al caucho lo hace convertirse en un material flexible admitiendo cierto grado de elasticidad.

APLICACIÓN PRÁCTICA

Cristina está realizando un test cuyas preguntas y respuestas están relacionadas con los materiales termoplásticos de la impresión 3D. ¿Podrías ayudar a Cristina a resolverlo?

TPE   Polivinílico   HIPS

- ¿Qué material tiene cierta capacidad adhesiva y puede servir como soporte al modelado 3D?
- ¿Qué material termoplástico tiene cierto grado de elasticidad y se asemeja de algún modo al caucho?

Continúa en página siguiente >>

<< Viene de página anterior

- **¿Qué material termoplástico es muy duradero aunque su precio no es tan económico como otros?**

Solución

El material termoplástico denominado poliestireno de alto impacto, también conocido como HIPS, es un material innovador muy duradero y resistente tanto como el nailon o la poliamida o como también puede llegar a ser el conocido ABS; sin embargo estos últimos, a diferencia del primero, son mucho más económicos probablemente porque llevan más tiempo en el mercado de la impresión 3D.

Por otra parte, aunque en el mercado ya es posible encontrar una abundante diversidad de materiales termoplásticos, es el elastómero termoplástico o también conocido como TPE el que tiene una apariencia parecida al caucho, mientras que el resto no cuenta con esta particularidad.

Y por último, y aunque materiales como el ABS pueden llegar a descomponerse con el efecto humedad, nunca podrá ser utilizado como material soporte de figuras tridimensionales, ya que es el polivínilico (PVA) el que cuenta con la capacidad de disolverse en el agua, acelerando este proceso si se utiliza para su disolución agua caliente, llegando a desaparecer los restos de este material y mostrando la figura 3D resultante.

Cada uno de los materiales termoplásticos ya conocidos requieren unos parámetros de impresión diferentes, especialmente los relativos a la temperatura. Por supuesto, no todas las impresoras 3D soportan todos estos **consumibles.**

Sin embargo, la tendencia del mercado de la impresión 3D es la de ofrecer a los usuarios una **amplia gama de posibilidades** que incluya nuevas alternativas.

 VÍDEO

Este vídeo muestra una innovadora técnica de impresión 3D que utiliza un gel como soporte para crear estructuras complejas sin necesidad de bases rígidas.

Continúa en página siguiente >>

<< Viene de página anterior

La impresión se realiza en un entorno líquido, lo que permite una mayor libertad de formas y precisión en piezas tridimensionales.

https://redirectoronline.com/ifct060po0404

3. Revisión de modelos y pruebas de impresión realizadas por los alumnos

👉 HILO CONDUCTOR

En una próxima reunión con los padres y las madres del alumnado, Lucía expondrá los beneficios de esta iniciativa tecnológica. Está preparando una presentación donde se mostrarán los primeros trabajos realizados y el objetivo que persigue cada uno de ellos.

La comunidad Maker brinda la oportunidad a los que comienzan esta andadura de poner a disposición de cualquier usuario ejemplos, trabajos y resultados. El autoaprendizaje se alimenta a su vez de experiencias propias y ajenas que permitirán valorar la calidad de impresión de los objetos 3D realizados.

Como ayuda inicial, es una excelente alternativa para inexpertos quienes se encontrarán acompañados por los consejos de otros usuarios con mayor experiencia.

La comunidad de *Thingiverse* ofrece la posibilidad de ver los resultados de impresión de los diferentes usuarios registrados en esta plataforma.

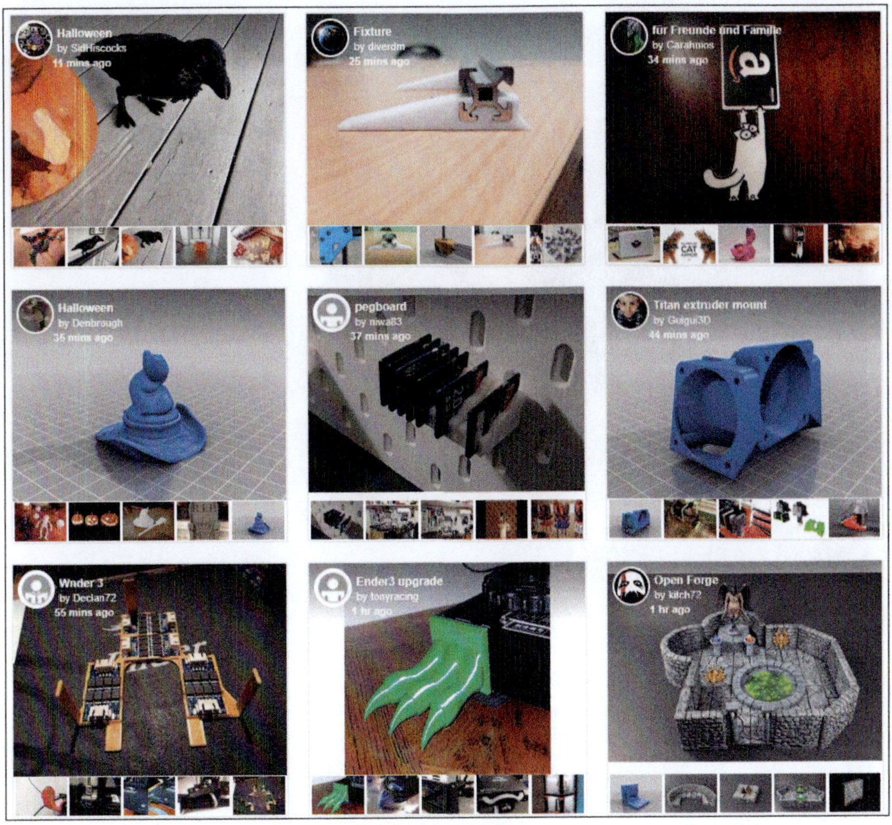

![Prototipos publicados de usuarios de Thingiverse]

Prototipos publicados de usuarios de Thingiverse. (© Fotografía: Thingiverse collections / www.thingiverse.com)

Puedes acceder a su página web en el siguiente enlace:

https://redirectoronline.com/ifct060po0402

Puedes poner en práctica tus conocimientos, bien diseñando tus propios modelados 3D y publicándolos o bien descargando la opción que te resulte más atractiva de las ya publicadas en *Thingiverse* o en cualquier otra plataforma donde se comunican los usuarios *makers.*

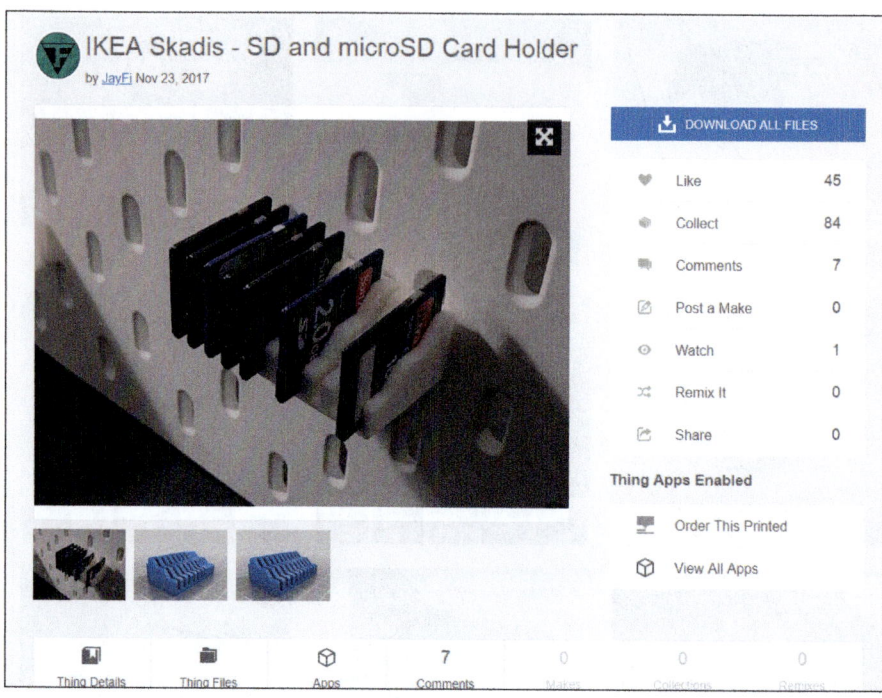

Ejemplo de objeto soporte de tarjetas SD listo para descargar e imprimir.
(© Fotografía: Thingiverse / JayFi / www.thingiverse.com)

Cada usuario dispone de **su propio catálogo de objetos 3D** realizados, opciones de descarga y comentarios de la comunidad.

4. Tratamientos específicos de acabado superficial

☞ HILO CONDUCTOR

Como cualquier nueva iniciativa, todo es muy mejorable. Sin embargo, el instituto al completo (alumnado y cuerpo docente) ha recibido este nuevo taller de impresión 3D como un punto de inflexión y de cambio hacia las nuevas necesidades educativas y formativas. Es evidente que hay aspectos que se deben mejorar, como técnicas de acabado y mejora del modelado, aunque para la comunidad educativa ha supuesto un gran aliciente.

Has aprendido lo más importante para comenzar a manejar tu impresora 3D e imprimir tus propios objetos, pero hay un elemento importante que conseguirá que el resultado de tu impresión cuente realmente con el **acabado óptimo.**

La tecnología 3D puede ofrecer un resultado ejemplar, sin embargo, si quieres que la apariencia mejore considerablemente, además de aumentar la usabilidad en algunos casos, tendrás que complementar trabajo realizado hasta ahora con **técnicas de tratamiento de acabado superficial.**

Existen tres tipos de tratamientos:

- **Mecánico.** El objetivo de este tipo de tratamiento es ofrecer suavidad al resultado de impresión. Puede ser manual utilizando lijas o a través de un pulido mecánico como puede ser someter el modelado a la presión de un chorro de materiales de consistencia mayor al utilizado en la figura.
- **Térmico.** El acabado térmico, se caracteriza principalmente por la acción del calor en zonas específicas donde han aparecido rebabas sobrantes, también se utiliza la soldadura como solución a aportar plasticidad y elasticidad a una zona concreta del objeto para su correcto moldeado o bien el relleno de huecos que hayan podido quedar.
- **Químico.** Este es el tipo de tratamiento más utilizado para después de la impresión. Consiste en embadurnar el objeto 3D (normalmente realizado en ABS) de disolvente en forma de espray o líquido que consigue un efecto de acabado mucho más profesional, con una textura mucho más suave, y además sirve también para endurecer la figura 3D. Hay que tener en cuenta que este tipo de productos químicos tiene en su mayoría una base de acetona, muy inflamable y tóxica, por lo que su manipulación debe ser correcta para no sufrir ningún tipo de accidente. En este sentido hay que evitar el efecto *warping*.
  El efecto *warping* consiste en que las esquinas del objeto imprimido tienden a contraerse por el contacto del aire.
  Hay además otros productos químicos diferentes a la acetona que sirven para el mismo objetivo, pero principalmente están dirigidos a objetos realizados en PLA. Entre estos productos se encuentran:

  - Tetrahidrofurano
  - Butanona
  - Diclorometano

Todos ellos son altamente contaminantes y cancerígenos, por lo que su manipulación debe estar condicionada al uso de mascarillas y protección.

En la actualidad, existen productos menos tóxicos que la acetona, como el **limoneno para HIPS** o soluciones a base de **alcohol isopropílico** para ciertos materiales. Además, el alisado mediante vapores se ha automatizado en cámaras de postprocesado específicas, lo cual permite reducir el riesgo y mejorar la calidad del acabado.

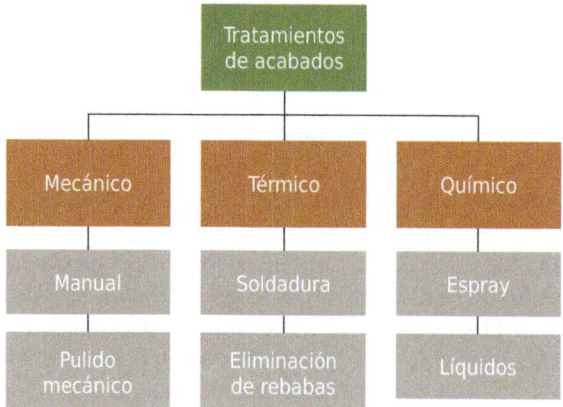

En la siguiente imagen podrás comprobar las diferencias de acabado según el tiempo de aplicación del tratamiento.

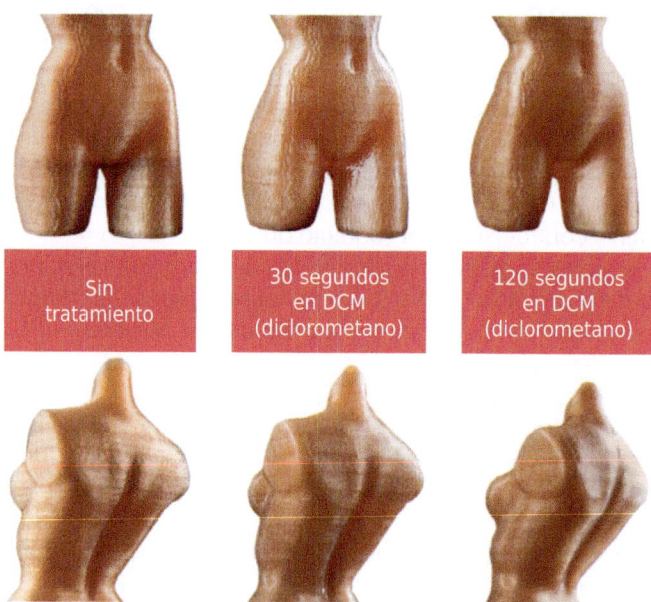

Tratamiento posimpresión con el químico diclorometano. (© Fotografía: Thingiverse / thingster / www.thingiverse.com)

ACTIVIDAD COMPLEMENTARIA

4. Realiza un pequeño trabajo de investigación. Localiza en internet alguna solución al conocido problema efecto *warping*.

Posteriormente realiza un resumen de aquella información que encontraste sobre esta temática. Comprobarás cuántas soluciones pueden servir para disminuir esta problemática de impresión 3D.

5. Reparaciones. Soluciones a problemas

 ## HILO CONDUCTOR

El presupuesto no dio para mucho, y solo fue posible adquirir dos impresoras 3D con tecnología *FDM,* material termoplástico y tratamientos de acabado. Pero Lucía está consiguiendo que, incluso los problemas sobrevenidos como mal funcionamiento de las máquinas, sirvan de excusa para seguir construyendo conocimientos entre el alumnado. Para ello no escatima en dedicar jornadas a enseñar a repararlas. Con el tiempo, todo este aprendizaje ha permitido que el alumnado realice su propio diseño de impresora 3D, sirviendo como muestra del gran potencial de estos magníficos chicos y chicas de este instituto de barrio que han sabido exprimir la tecnología de impresión 3D con la ayuda de Lucía como guía.

A la tecnología de impresión 3D pueden sobrevenirle **diversos problemas** que alcanzan a encontrar su origen en alguna de **estas áreas:**

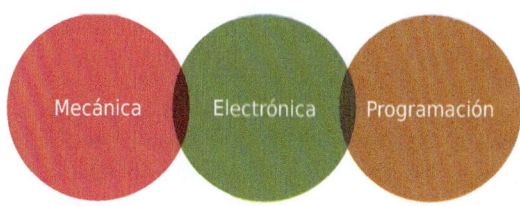

Como bien sabes ya, el modelado 3D requiere de un ***software*** a través del cual es posible editar, modificar, diseñar o crear tus propias figuras tridimensionales. Las principales adversidades que pueden surgir en esta área están relacionadas con el desconocimiento del **manejo del programa** e incluso acciones tan obvias como no contar con la última **actualización** del mismo.

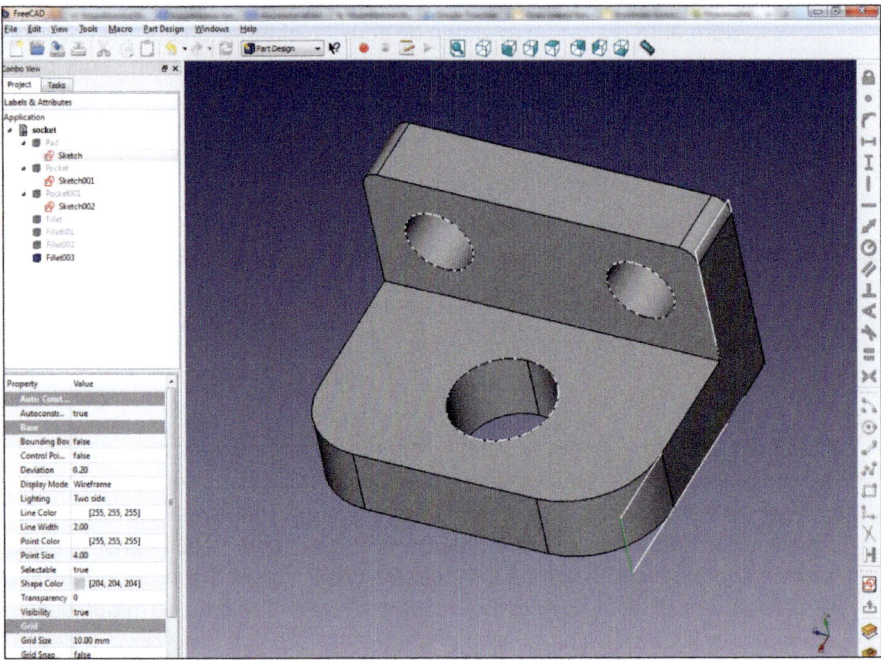

Ejemplo de práctica de modelado 3D con el software FreeCAD.
(© Fotografía: FreeCAD / tecno2017dofasa.wordpress.com)

Sin embargo, la mayoría de los problemas surgidos están focalizados en el área mecánica, principalmente originados por **falta de mantenimiento.**

 **VÍDEO**

En este vídeo se muestran las acciones básicas necesarias para mantener en buen estado una impresora 3D, incluyendo la limpieza de componentes, la lubricación de ejes y el ajuste de correas. Se trata de una guía para asegurar un funcionamiento óptimo a fin de alargar la vida útil de la máquina.

Continúa en página siguiente >>

<< Viene de página anterior

https://redirectoronline.com/ifct060po0405

 TAREA 4

Gustavo acaba de adquirir su primer modelo de impresora 3D. Uno de los motivos por los que se decidió a comprar este tipo de impresora en concreto es porque admite gran variedad de materiales termoplásticos. Pero Gustavo no cuenta con experiencia suficiente para poder decidir qué material es el más idóneo e imprimir el diseño con el que lleva trabajando largo tiempo a través de programa *Cura.*

Los diseños que plantea requieren de soporte para su impresión; de otra forma podrían verse comprometido el resultado. Gustavo está tratando de encontrar una fórmula que no ponga en peligro su objetivo y para ello tendrá que decidir qué material es el más idóneo.

Con estos datos, ayuda a Gustavo decidirse por un material en concreto, descubriendo las particularidades de los diferentes materiales termoplásticos para la impresión 3D. Oriéntalo sobre alguna plataforma de aprendizaje donde pueda conocer ejemplos y pruebas de impresión, le ayúdale también a identificar tratamientos de superficies específicas para el acabado final de sus creaciones y proponle reparaciones concretas como soluciones a problemas planteados.

---

6. Resumen

La evolución de la tecnología de impresión 3D ha permitido introducirse en sectores tan importantes como la biomedicina o el sector de la alimentación, entre otros. Sin embargo, todo esto no hubiera sido posible si no se conocieran y manejaran las **técnicas y tecnologías más comunes** y utiliza-das en el sector de la impresión 3D y que prácticamente son las que están implantándose en la gran mayoría de los hogares.

Son en estos entornos donde los consumibles principalmente utilizados co-rresponden a los **materiales termoplásticos,** caracterizados por la **fusión** de los mismos mediante el **efecto calor** y que tanto caracteriza a esta tecno-logía aditiva de la impresión 3D.

Aunque los más conocidos de estos materiales termoplásticos son los **ABS** y los **PLA**, ya van incorporándose al mercado otros nuevos con efectos más innovadores, como puede ser el caso del **elastómero termoplástico;** su se-mejanza al caucho lo hace convertirse en un material flexible admitiendo cierto grado de elasticidad.

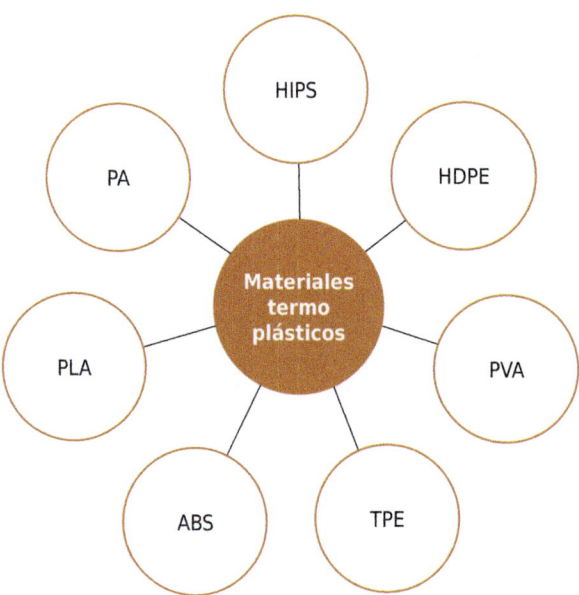

A la hora de dar los primeros pasos de impresión de modelados 3D, es po-sible sentirse más acompañado a través de la **comunidad Maker,** donde se ofrece la posibilidad de ver no solo los resultados de impresión de los diferentes usuarios registrados, sino advertir comentarios y descargar de modelos.

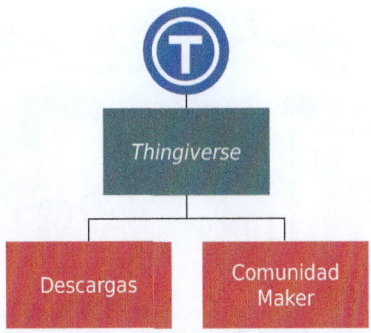

Una vez que se cuenta con las competencias básicas para el manejo de la impresora 3D y se realizan las primeras impresiones, habrá que determinar qué **tratamiento de acabado** requerirá la pieza resultante, ya que la tecnología de impresión 3D aún requiere de este paso como complemento final para **mejorar el resultado** de impresión.

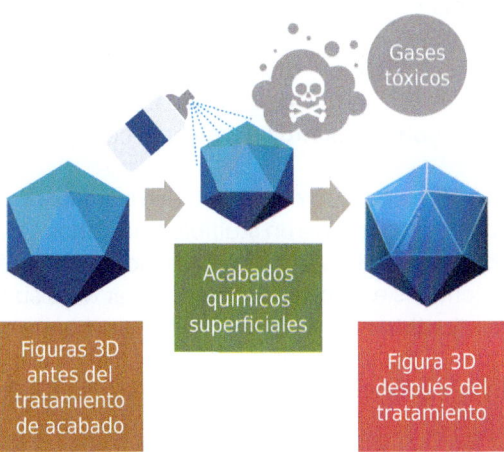

Pero la tecnología de impresión 3D, requiere de un **mantenimiento periódico** que permita explotar al **máximo el rendimiento** de la máquina.

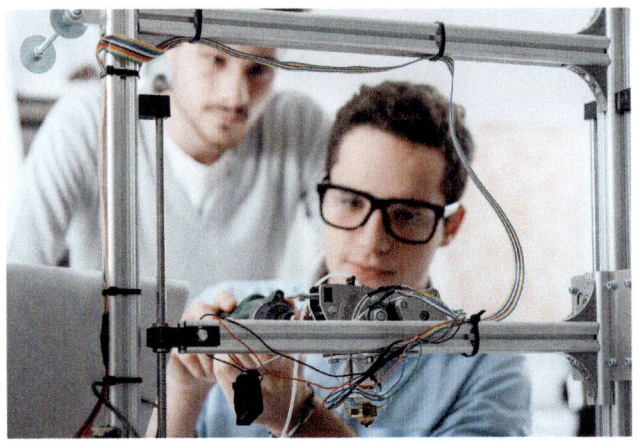

Para ello, independientemente de mantener el *software* **actualizado** y la **electrónica en correcto funcionamiento,** habrá que realizar cada cierto tiempo labores de **limpieza** y **lubricación** de los diferentes **mecanismos** que la conforman.

Con todo esto, será posible **disfrutar de esta tecnología** cada vez más en auge no solo imprimiendo y diseñando objetos 3D, sino siendo partícipe y **compartiendo conocimiento** en esta gran comunidad Maker.

La impresión 3D ha pasado de ser una herramienta experimental a consolidarse como tecnología clave en múltiples industrias. Conocer los materiales disponibles, los parámetros de impresión adecuados, técnicas de acabado y mantenimiento es esencial para aprovechar todo su potencial. La comunidad *maker,* junto con los nuevos avances en sostenibilidad y precisión, abre un futuro prometedor donde cada persona usuaria puede convertirse en un buen profesional del diseño y un buen creador de soluciones reales.

Ejercicios de autoevaluación
Unidad de Aprendizaje 4

1. Indica si las siguientes afirmaciones son verdaderas o falsas:

a. Gracias a la tecnología de impresión 3D, es posible transformar una idea en un objeto tangible.

- ■ Verdadero
- ■ Falso

b. Se denomina bioimpresión a aquella aplicación de la tecnología de impresión 3D en la industria alimenticia.

- ■ Verdadero
- ■ Falso

c. Los materiales termoplásticos más comunes son ABS y PLA.

- ■ Verdadero
- ■ Falso

2. Los principales materiales termoplásticos son:

a. HIPS y HDPE.
b. PVA y TPE.
c. PA, PLA y ABS.
d. Todas las opciones son correctas.

3. La comunidad Maker ofrece al participante la posibilidad de:

a. Descargar plantillas de objetos 3D.
b. Compartir experiencias en la elaboración de trabajos tridimensionales.
c. Compartir conocimientos y consejos sobre la tecnología de impresión 3D.
d. Todas las opciones son correctas.

4. Una figura 3D, para que tenga un resultado óptimo...

 a. ... deberá realizarse en colores llamativos.
 b. ... deberá estar realizada en al menos dos materiales diferentes.
 c. ... deberá ser sometida a un tratamiento específico de acabado superficial.
 d. Todas las opciones son incorrectas.

5. Existen varios tipos de tratamientos de acabados. Estos son:

 a. Térmico y químico.
 b. Mecánico y térmico.
 c. Térmico, químico y mecánico.
 d. Todas las opciones son incorrectas.

6. La eliminación de rebabas es un tratamiento de acabado:

 a. Químico.
 b. Térmico.
 c. Mecánico.
 d. Todas las opciones son correctas.

7. El efecto *warping* consiste en:

 a. Que el objeto 3D tiende a doblar su tamaño.
 b. Que la figura 3D tiende a cambiar de color.
 c. Que las esquinas del objeto imprimido tienden a contraerse por el contacto del aire.
 d. Todas las opciones son incorrectas.

8. Uno de los productos químicos que sirve de base para el tratamiento de acabado es:

 a. El agua.
 b. La acetona.
 c. Tetrahidrofurano.
 d. Todas las opciones son incorrectas.

9. **Como medida preventiva de problemas en la impresión 3D está:**

   a. El engranaje.
   b. La calibración.
   c. La limpieza.
   d. El mantenimiento periódico.

10. **Cada cierto tiempo, es necesario:**

    a. Limpiar la boquilla del extrusor.
    b. Dejarla parada durante un tiempo.
    c. Cambiar de tipo de material termoplástico.
    d. Todas las opciones son incorrectas.

Glosario

ABS
Es un material para la impresión 3D cuyos filamentos están hechos principalmente de acrilonitrilo butadieno estireno. No aguantan bien el calor, por lo que su uso práctico no puede estar orientado para diseñar objetos que sirvan de contenedor de productos que alcancen altas temperaturas. Además, en el proceso de fusión del consumible es posible que desprenda gases perjudiciales para la salud.

Activar la rectificación
Valor denominado *Enable retraction* que permite retraer la acción de salida del filamento cuando se da la circunstancia que se imprime fuera del área de impresión soltando en forma de hilos el material sobrante. Facilita correctamente la retirada del consumible para dejarlo listo para la siguiente impresión.

Altura de la capa
Hace referencia a un parámetro también llamado *Layer Height,* que determina la calidad del objeto estableciendo la altura resultante de cada capa.

Archivo .STL
Son los tipos de archivos admitidos para la impresión 3D. Cualquier programa de modelado da directamente la opción de transformar la imagen digital obtenida en un archivo de este tipo.

Boquilla
Pieza de la impresora 3D que distribuye capa a capa el filamento en la salida para dar forma al objeto tridimensional.

Calibración
Ajuste de los elementos mecánicos de la impresora teniendo en cuenta los ejes que la conforman para su correcto funcionamiento.

Cama caliente

Es una placa de aluminio cuya finalidad es la de mantener la base del objeto 3D en producción a una temperatura lo suficientemente caliente para que las primeras capas no se rompan.

Cartucho calefactor

Es la pieza de la impresora 3D que calienta la pieza anterior, para que esta cuente con la temperatura prevista.

Conductores de potencia

Elementos de la impresora 3D que regulan la corriente.

Consumibles sólidos

Son aquellos materiales de consistencia sólida habitualmente con forma de filamentosa, que sirven como material para el modelado 3D.

Cultura Maker

Cultura está fundamentada en la innovación y cuya metodología está basada en el principio de "Hazlo tú mismo" *(DIY, Do it Yourself)*.

Democratización

Es un proceso por el cual se hace accesible un elemento, objeto, servicio o prestación a la sociedad y a los individuos que la componen.

Diseño

El concepto *diseño* desde el enfoque de la impresión 3D no hace tanto referencia al sentido artístico del término, sino que da respuesta a la búsqueda de soluciones.

Determinar el caudal

Flow es el valor con el que podrás determinar el caudal de material que saldrá por el extrusor. Deberás ajustarlo para que exista equilibrio y cadencia, de esta manera la figura resultante será correcta.

Determinar la profundidad del espesor de la capa

Este valor denominado *Thickness,* fija el espesor de la capa inferior y superior de la figura, pudiendo determinar el espesor de estas capas sólidas.

Determinar la temperatura del extrusor

Con el valor *Printing Temperature* también puedes controlar la temperatura del módulo de extrusión que no es otra cosa que la temperatura a la que se fundirá el filamento. Dependerá siempre del tipo de material utilizado.

Driver

Sirve para gestionar adecuadamente la corriente que proporciona potencia al motor; cuenta con un potenciómetro que gestiona la variación de la potencia.

End Stop

También denominado "final de carrera". Instruye a la impresora para indicarle el punto de inicio de impresión. La impresora tendrá un final de carrera por cada uno de los ejes.

Engranaje de tracción

Es el componente de la impresora 3D que tracciona sobre el consumible para que este vaya saliendo a demanda.

Ensamblar

Proceso de montaje.

Espesor de contorno

Parámetro denominado *Shell Thickness*. Como principal indicativo, este debe contemplar un espesor múltiplo del módulo de extrusión.

Estereolitografía

Es el tipo de tecnología de impresión 3D más antigua cuya técnica está basada en la fotosolidificación de los materiales.

Estructura

Es el esqueleto que soporta al resto de componentes. Suele estar fabricada en diferentes tipos de acero, pudiendo ser una estructura abierta o cerrada.

Extrusor

Es una pieza fundamental para la impresión. Su función consiste en fundir el consumible o filamento que entra por esta cabeza caliente. Poco a poco se distribuye el material resultante en la bandeja de salida formando el objeto o la figura 3D capa a capa hasta su definición.

Filamentos

Es el material que dará forma al prototipado 3D y que tiene forma de fideo. Puede estar formado de diversos materiales con distintas características.

Firaflex

Es un material para la impresión 3D cuyas características principales son la elasticidad, flexibilidad, resistencia, no transpirabilidad, y que se utiliza normalmente para imprimir objetos maleables.

Fuente de alimentación
Fuente de conexión a la red eléctrica.

G-Code
Es un lenguaje de programación que da instrucciones para que una impresora 3D pueda ejecutar su trabajo sin depender de un *software* de modelado. Esto significa que cualquier usuario que disponga de impresora, aun no habiéndose descargado ningún *software,* podría imprimir una plantilla STL a través de este lenguaje de programación con este tipo de archivo. También sirve para comprobar la correcta configuración del *software* a través del objeto que se pretenda imprimir.

Guía de filamento
Es una pieza de la impresora 3D en forma de tubo que conduce el hilo del filamento hacia la siguiente pieza llamada *Hotend.*

HDPE
Es el material conocido como polietileno de alta densidad. Este material es altamente reciclable, y con él es posible imprimir botellas aunque su manejo no es tan sencillo como otros materiales. Lo importante de este material es que puede conseguirse de materiales reciclados.

HIPS
Es el material conocido como poliestireno de alto impacto; requiere de más técnica para su manipulación y es poco económico, aunque es un material muy duradero.

Hotend
Es la pieza de la impresora 3D que hace posible que aumente la temperatura para fundir el consumible sólido para poder ser manipulado eficazmente.

Impresión 3D
Es aquella técnica mediante la cual es posible concebir y crear un objeto tangible tridimensionado, partiendo de la conexión de materiales modelables desde un patrón original digitalizado y con la ayuda de un *software*.

Impresora 3D
Una impresora 3D es aquel artilugio capaz de reproducir un objeto tridimensional a partir de una imagen digital.

Materiales
En el entorno de la impresión 3D, se denominan "materiales" a los consumibles utilizados para la impresión de las figuras tridimensionales.

Materiales termoplásticos
Son aquellos que se utilizan en la impresión 3D que, junto con el efecto calor, pueden fundirse para la creación del prototipado 3D.

Modelado alámbrico
El diseño del modelado 3D alámbrico se soporta mediante rayas, parábolas y puntos que van sirviendo de estructura para dar forma al objeto tridimensional, lo que permitirá visionar la geometría del modelo dentro de un espacio fácilmente reconocible.

Modelado de mallas
Este tipo de modelado se caracteriza por poder dar animación y movimiento a las figuras 3D, aportando además el efecto de sombreado.

Modelado de superficie
Este tipo de modelado está orientado al diseño de objetos cuya superficie o envoltura es extremadamente fina. El origen de esta técnica proviene del diseño industrial, en la elaboración de maquetas de automoción y aviones.

Modelado sólido
El principal elemento diferenciador de un modelado sólido 3D es la incorporación de una masa al objeto del modelado. En este sentido, deberá poderse llevar a cabo gracias a la introducción de procedimientos como redondeos y cantos, además de otras acciones.

Modelado 3D
Hace referencia al resultado físico del objeto o pieza de este, que fue representado tridimensional y matemáticamente con anterioridad gracias a un programa específico llamado *software* de modelado 3D.

Motor
Es el componente de la impresora 3D que conduce el consumible desde la entrada, tirando del carrete hasta que se deposita en la bandeja de salida.

PA
Es el material conocido como poliamida (nailon), muy resistente y económico.

Pantalla LCD
Panel luminoso de indicaciones de la impresora 3D.

Paradigma digital
Un nuevo concepto tecnológico en el que la tecnología digital cobra protagonismo y se asienta en el quehacer diario de las personas y las empresas.

PLA

Es un material para la impresión 3D y cuyo componente principal es el ácido poliláctico, caracterizado por ser una sustancia biodegradable. El material se presenta en forma de filamento redondeado y cuenta con gran aprobación por la industria por ser una alternativa mucho más ecológica que los derivados del petróleo, puesto que su composición puede proceder del maíz, remolacha, trigo o almidón.

Placa Arduino

Pieza electrónica encargada de controlar y gestionar el sistema de producción de la impresora 3D.

PVA

Es el material conocido como alcohol polivínilico. Su característica principal es la capacidad adhesiva que tiene. Puede servir como soporte de modelo de impresión, ya que al disolverse al contacto con el agua puede dar como resultado el elemento que contenía, es decir, sirve de molde como material soluble que es.

RAMP

Es el escudo que llevará la placa Arduino y que le proporcionará a esta la potencia justa para el funcionamiento. Va conectada directamente a la placa Arduino y en ella van incorporadas todas las conexiones de los elementos electrónicos.

Renderizar

El concepto "renderizar" es un término informático que describe el proceso de crear una imagen para un entorno tridimensional, dándole una apariencia totalmente realista.

Rodamiento de presión

Pieza de la impresora 3D, que ejerce presión al consumible gracias a la pieza de engranaje de tracción para que el consumible pueda circular por él y no se pierda.

Sensor de temperatura

Pieza de la impresora 3D que controla la temperatura para la fusión del filamento.

Sinterizado selectivo láser

Tipo de tecnología de impresión 3D que, a diferencia de la tecnología FDM, no requiere de calor para el modelado.

Sistema de refrigeración
Parte de la impresora 3D que enfría la temperatura de la máquina, motor y extrusor fundamentalmente, para protegerlos de un sobrecalentamiento.

Software CAD
Tipo de software caracterizado por ser programas de diseño asistido por ordenador (computer-aided design).

Software de impresión 3D
Es aquel programa informático que ofrece las herramientas necesarias para el diseño y modelado 3D, siendo capaz de convertir estos diseños en órdenes para ser impresos en una máquina de impresión.

Técnica
Arte o habilidad. Destrezas con las que se cuentan para realizar un trabajo o una labor.

Tecnología
Instrumentos, recursos o procedimientos procedentes de la innovación científica facilitando el progreso del campo o sector donde se apliquen.

Tecnología FDM
Es un tipo de tecnología de impresión 3D también denominada de deposición fundida, cuya característica principal consiste en la fabricación de piezas capa a capa situando el material por toda la superficie de la capa. El material filamentoso se introduce por una boquilla hacia la cabeza ya caliente de la impresora. El calor hará que el consumible lo transforme en finos hilos que serán los que queden depositados por capas en la bandeja de salida, diseñando el objeto 3D resultante tras la solidificación del material.

Tecnología SLS
Es un proceso o técnica de elaboración mediante la fusión de partículas por el efecto calor del láser.

Termoplástico
Se denomina "termoplástico" a los materiales plásticos, principalmente polímeros, que cambian de sólido a flexible cuando se ejerce calor sobre ellos, adquiriendo de nuevo la consistencia y rigidez cuando vuelven a enfriarse. Ejemplos de material termoplástico son los ABS, PLA y nailon.

Tornillo de tracción
Es el componente de la impresora 3D que conduce el filamento hasta el engranaje reductor.

TPE
Es el material conocido como elastómero termoplástico; su semejanza al caucho lo hace convertirse en un material flexible admitiendo cierto grado de elasticidad.

Transformación digital
Proceso al que se somete una persona física o jurídica mediante el uso de las tecnologías.

Tratamiento de acabado químico
Este es el tipo de tratamiento más utilizado para después de la impresión. Consiste en embadurnar el objeto 3D (normalmente realizado en ABS) de disolvente en forma de espray o líquido que consigue un efecto de acabado mucho más profesional, con una textura mucho más suave y además sirve para endurecer la figura 3D. Hay que tener en cuenta que este tipo de productos químicos tiene en su mayoría una base de acetona, muy inflamable y tóxica, por lo que su manipulación debe ser correcta, para no sufrir ningún tipo de accidente.

Tratamiento de acabado mecánico
El objetivo de este tipo de tratamiento es ofrecer suavidad al resultado de impresión. Puede ser manual utilizando lijas, o a través de un pulido mecánico como puede ser someter al modelado a la presión de un chorro de materiales de consistencia mayor al utilizado en la figura.

Tratamiento de acabado térmico
Se caracteriza principalmente por la acción del calor en zonas específicas donde han aparecido rebabas sobrantes. También se utiliza la soldadura como solución para aportar plasticidad y elasticidad a una zona concreta del objeto para su correcto moldeado o bien el relleno de huecos que hayan podido quedar.

Usabilidad web
La usabilidad de una web engloba los atributos de funcionalidad y eficiencia, virtudes de una página web que hacen que el usuario permanezca en ella tanto por su fácil uso como por las emociones que despierta al navegar por ella, haciendo de la misma una experiencia grata y emocionante para el usuario.

Usuario
Persona física o jurídica que utiliza internet como medio recurrente.

Visión global
Capacidad que posee una persona para identificar nuevas oportunidades de negocio en un entorno global.

Warping
Consiste en que las esquinas del objeto imprimido tienden a contraerse por el contacto del aire.

Bibliografía

Monografías

→ GONZÁLEZ, A. y Martín, S.: *Impresión 3D práctica: guía para makers, docentes y estudiantes.* Madrid: Paraninfo, 2021.

> Una guía actualizada que combina teoría y práctica sobre impresión 3D, pensada especialmente para su aplicación en entornos educativos y talleres de fabricación digital.

→ RODRÍGUEZ, L.: *Fabricación aditiva: del diseño al producto final.* Barcelona: Marcombo, 2022.

> Este libro ofrece un enfoque técnico y completo del proceso de impresión 3D, desde el modelado hasta la producción final, incluyendo materiales, tolerancias y acabados.

→ HERRERA, M. y López, D.: *Diseño y desarrollo de productos con impresión 3D.* Valencia: UPV Press, 2023.

> Publicación universitaria que analiza metodologías de diseño orientadas a la impresión 3D, con estudios de caso reales aplicados a la ingeniería, arquitectura y educación.

→ TORRES, P.: *Tecnologías emergentes en el aula: impresión 3D y robótica educativa.* Sevilla: Ediciones Octaedro, 2020.

> Un enfoque didáctico sobre cómo integrar tecnologías como la impresión 3D en el sistema educativo, con ejemplos prácticos y estrategias para docentes.

Textos electrónicos, bases de datos y programas informáticos

→ 3DBenchy, la mejor forma de saber si tu impresora 3D está bien calibrada, de: <https://www.impresoras3d.com/3dbenchy-como-calibrar-una-impresora-3d/>.

> Explica cómo utilizar el modelo 3DBenchy para evaluar la calibración de una impresora 3D. Ofrece pautas prácticas para interpretar los resultados.

→ 3D printing service *online,* de: <https://www.shapeways.com/>.

> Shapeways es una plataforma para imprimir objetos 3D de forma profesional. Ofrece servicios de impresión bajo demanda y venta de productos.

→ Comandos de teclas de acceso rápido de AutoCAD, de: <https://www.datech.es/software/comandos-acceso-rapido-autocad/>.

> Artículo que ofrece una lista clara y bien organizada de los principales comandos de acceso rápido de AutoCAD, tanto para funciones 2D como 3D. Se trata de una guía práctica para mejorar la productividad y agilizar el trabajo con este *software* de diseño técnico.

→ El padre de la Impresora 3D, de: <https://blogthinkbig.com/charles-hull-impresora-3d>.

> Artículo que narra la historia de Charles W. Hull y su invención de la impresora 3D. Se explica su impacto en la industria tecnológica actual.

→ Free 3D Printable Files and Designs | Pinshape, de: <https://pinshape.com/>.

> Pinshape es una plataforma en línea para descargar e imprimir diseños 3D gratuitos o de pago. También permite a los usuarios compartir sus propios modelos.

→ FreeCAD: Your own 3D parametric modeler, de: <https://www.freecad.org/>.

> FreeCAD es un software gratuito de modelado paramétrico en 3D, ideal para ingeniería y diseño técnico. Es de código abierto y ampliamente utilizado en educación.

→ Guía de errores - LEON3D, de: <https://www.leon-3d.es/guia-de-resolucion-de-problemas/>.

> Guía detallada de solución de problemas comunes en impresoras 3D de LEON3D. Incluye descripciones claras y consejos para corregir fallos.

→ Making sure you're not a bot! De: <https://wiki.freecad.org/Online_Help_Toc/es>.

> Sección de ayuda oficial en español del wiki de FreeCAD. Proporciona documentación completa para usuarios de todos los niveles.

→ Obtener precios y comprar el software AutoCAD oficial, de: <https://www.autodesk.com/es/products/autocad/overview>.

> La página oficial de AutoCAD proporciona información detallada sobre precios, licencias y características del *software.*

→ Oportunidades y desafíos del reciclaje de impresiones 3D, de: <https://www.smartfactorymagazine.es/es/noticia/oportunidades-y-desafios-del-reciclaje-de-impresiones-3d>.

> El artículo analiza los retos y avances actuales en el reciclaje de materiales utilizados en impresión 3D, como el PLA y el ABS.

→ PLA, de: <http://www.eis.uva.es/~biopolimeros/alberto/pla.htm>.

> Página informativa sobre el filamento PLA y sus propiedades como material biodegradable. Se describe su aplicación en la impresión 3D.

→ Product, de: <https://renderman.pixar.com/product>.

> RenderMan es el motor de renderizado desarrollado por Pixar, utilizado en la creación de efectos visuales y animación de alta calidad. Su sitio oficial ofrece acceso al *software,* documentación técnica y recursos gratuitos para artistas y desarrolladores.

→ YouMagine, de: <https://youmagine.com/>.

> YouMagine es una comunidad de creadores de diseños 3D, similar a Thingiverse. Permite compartir archivos, ideas y colaborar en proyectos.